AF590550

NOTICE

SUR LES

TRAVAUX SCIENTIFIQUES

ET LES SERVICES

DU CONTRE-AMIRAL

LABROUSSE.

NOTICE

SUR LES

TRAVAUX SCIENTIFIQUES

ET LES SERVICES

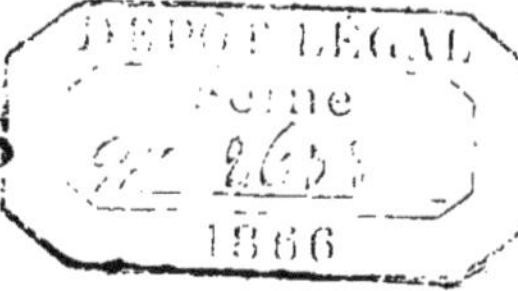

DU CONTRE-AMIRAL

LABROUSSE

MEMBRE DU CONSEIL DES TRAVAUX ET DU COMITÉ D'ARTILLERIE.

PARIS

IMPRIMERIE DE AD. LAINÉ ET J. HAVARD,

19, RUE DES SAINTS-PÈRES, 19.

1866

SOMMAIRE.

TRAVAUX ET TITRES SCIENTIFIQUES.

CONSTRUCTIONS NAVALES.

1840. Navires de mer à éperon et bâtiments garde-côtes à éperon.
1841. Vaisseau à vapeur de 1,000 chevaux. — Affinement des carènes. — Puits à hélice. — Forme de la quille. — Suppression du tambour des hélices. — Forme des hélices.
1844. Frégate en fer à grande vitesse à éperon, avec pont convexe. — Vaisseaux à vapeur à éperon.
1845. Mâture et voilure des avisos et des vaisseaux à vapeur.
1845.-1856. Système à pible approprié à la mâture ordinaire.
1858. Vaisseaux garde-côtes.
1858. Prolongement de quille métallique.
1858. Mâture en tôle et gréement pour les bâtiments cuirassés.

APPAREILS A VAPEUR.

1841. Machine de 1,000 chevaux pour les vaisseaux.
1844. Plans d'une machine à action directe de 1,000 chevaux pour les vaisseaux.
1849.-1856. Machines équilibrées.
1850. Installation des hélices.
1856. Évacuation sous-marine supplémentaire.
1859.-1860. Visite et retouche des appareils à vapeur de la flotte.
1859. Chauffage méthodique.

ARTILLERIE.

1834. Gargousses sphériques. — Charge simultanée. – Exercice des caronades modifié. — Exercice des deux bords.
1837. Valet coupé. — Valet en corde.
1843.-1844. Expériences d'artillerie à Lorient.
1859. Sabords rétrécis des navires cuirassés. Mantelets métalliques.
1863. Documents officiels.

OUVRAGES ET MISSIONS.

Mémoire sur les propulseurs sous-marins. — Mémoire sur les puits à hélice. — Notice sur *le Chaptal*. — Manuel de gréement. — Navires à éperon. — Trois missions en Angleterre. — Expériences sur la résistance des carènes (Alexandre, Castiglione, Donawerth). — Expériences sur la détente des machines marines (Arcole, Gloire, Saint-Louis, Eylau, etc.). — Études expérimentales sur les évolueurs.

COMMANDEMENTS.

Le Mentor, la corvette *le Chaptal*, la frégate *le Sané*, les vaisseaux *l'Ulm*, *l'Eylau*, *l'Impérial*, *l'Arcole*. La troisième division de l'escadre.

17 ans de commandement. — 28 ans à la mer.

NOTICE

SUR LES

TRAVAUX SCIENTIFIQUES

DU CONTRE-AMIRAL

H. LABROUSSE

A L'APPUI DE SA CANDIDATURE A L'ACADÉMIE DES SCIENCES

(SECTION DE GÉOGRAPHIE ET DE NAVIGATION).

Une transformation complète s'est opérée dans la marine depuis le jour où j'y suis entré : j'ai participé à cette transformation par des projets nombreux dont l'accomplissement n'a pu m'être dévolu qu'exceptionnellement, car il appartenait naturellement à notre savant corps d'ingénieurs; mais je crois pouvoir revendiquer l'honneur d'avoir eu l'initiative de progrès qui n'ont été réalisés que quinze et vingt ans après mes propositions. J'ai exactement défini, avant même que ces questions ne fussent soulevées, quelles étaient les conditions créées, à notre époque, par la vapeur aux engins de guerre maritime; j'ai dressé dès lors le plan de bâtiments à puissantes machines et j'ai indiqué le rôle que, dans les combats de mer, allait être appelé à jouer de nouveau l'antique *rostrum* des galères, l'*éperon* dont se trouvent aujourd'hui munis *le Magenta* et *le Solferino*.

Je viens donc soumettre au jugement de l'Académie, comme le titre le plus sérieux que je puisse offrir à ses suffrages, avec l'exposé succinct de mes principaux travaux, les rapports officiels qui constatent la part que j'ai prise aux modifications importantes introduites, surtout depuis vingt-cinq ans,

1° Dans nos constructions navales;

2° Dans nos appareils à vapeur;

3° Dans notre artillerie.

CONSTRUCTIONS NAVALES.

CONSTRUCTIONS NAVALES.

NAVIRES A ÉPERON.

BATIMENTS GARDE-COTES A PONT CONVEXE ET BATIMENTS DE MER.

En 1840, j'ai adressé à M. l'amiral Duperré, ministre de la marine, un Mémoire détaillé, contenant la description de deux genres de navires à éperon : bâtiments garde-côtes et navires de mer.

Les premiers étaient recouverts d'un pont convexe, à l'épreuve des boulets, dont le sommet s'élevait à un peu plus d'un mètre au-dessus de la flottaison, et qui aboutissait à un mètre environ au-dessous. Ce mode de construction présentait des garanties d'invulnérabilité, à peine atteintes vingt-cinq ans après dans les monitors et autres navires spéciaux; le pont convexe était recouvert d'un léger pont horizontal.

Les bâtiments de mer ne différaient des navires ordinaires que par l'éperon qui les armait à l'avant et qui faisait partie de la construction même du navire. Les éperons étaient revêtus d'une enveloppe métallique terminée par un cône massif.

La constitution de l'éperon, qui faisait ainsi partie intégrante du navire, lui assurait toute la solidité désirable, et il n'y avait pas à craindre de le voir désemparé dans l'abordage, comme cela s'est produit pour l'éperon du *Merrimac* [1].

Cepèndant j'ai produit plus tard, pour les navires existants et à titre d'expédient économique, le modèle et les plans d'un éperon très-solide, car il se moule, pour ainsi dire, sur l'avant du bâtiment : les modèles et plans en question étaient calculés pour un vaisseau de 100 canons.

La forme aiguë que j'adoptais a sur les étraves tranchantes rectilignes ou convexes plusieurs avantages. Elle atténue presque entièrement les réactions sur le navire abordeur ; elle facilite la pénétration dans les abordages obliques, et permet d'atteindre l'hélice ou le gouvernail lorsqu'on ne peut opérer le choc directement sur le corps même du navire.

Les éperons devaient porter à leur extrémité un cône explosif disposé pour éclater au moment même du contact avec le navire ennemi [2].

Mes idées avaient été bien accueillies par M. l'amiral Lalande, qui se chargea de remettre lui-même mon Mémoire au ministre, M. l'amiral Duperré, lequel, après l'avoir étudié avec attention, de concert avec M. l'amiral Lalande, en conçut une opinion assez favorable pour le faire examiner en comité secret par une commission spéciale.

[1] Les éperons du *Magenta* et du *Solferino* ont été établis d'après ces principes.

[2] Plus tard, les expériences de Lorient avaient fait ressortir une efficacité si complète de l'éperon sur les murailles en bois, que je pensai que l'emploi du cône explosif pouvait être considéré comme superflu : mais je conçois qu'on songe à y revenir pour agir contre les murailles cuirassées.

En même temps, M. l'amiral Duperré m'envoya en mission en Angleterre pour y étudier l'état de la marine dans ce pays, et particulièrement pour suivre les expériences qu'on venait d'y entreprendre sur l'hélice, qu devait être considérée comme un élément essentiel de mon système. (Pièce A des *Documents officiels* [1].)

[1] L'historique de cette question importante a été fait dans un rapport au conseil d'amirauté, que j'ai cru devoir comprendre au nombre des documents officiels.

VAISSEAU A VAPEUR

A GRANDE VITESSE.

Dans le Rapport[1] que je remis au Ministre de la marine, en novembre 1841, au retour de ma mission, je m'exprimais ainsi (page 19 du Mémoire sur les propulseurs sous-marins) :

« Du moment que l'hélice, employée comme moyen de propulsion, loin de rendre le bâtiment moins marin, est au contraire susceptible d'ajouter aux garanties de la navigation, les avantages de son application aux vaisseaux de ligne deviennent si incontestables et si frappants, même pour les personnes les plus étrangères à la navigation à vapeur, qu'il semble inutile de les énumérer.

« Qu'on se figure, en effet, deux vaisseaux en présence, l'un à la voile, l'autre se servant de l'hélice : quelle inégalité n'y aura-t-il pas entre ces deux bâtiments, dont l'un pourra se mouvoir autour de l'autre dans toutes les directions avec une vitesse au moins double de la vitesse ordinaire d'un vaisseau (par les

[1] Ce rapport a été inséré en extrait dans l'ouvrage de M. Campaignac, en 1842, et dans mon mémoire sur les propulseurs sous-marins.

temps et avec les voilures de combat) sans que rien puisse altérer sa puissance motrice, tandis que l'autre ne pourra se porter que dans certaines directions, à l'aide de voiles entièrement exposées aux coups de l'ennemi!

« Que si, par impossible, la supériorité restait au dernier, comment en profiterait-il, puisque le bâtiment à hélice serait toujours à même de se soustraire à propos aux coups de son vainqueur, impuissant à le suivre?

« Ainsi donc, quelque grands que puissent être les inconvénients résultant de l'application de l'hélice aux vaisseaux de ligne, les avantages pour le combat en sont si incontestables qu'on ne saurait hésiter à l'adopter; car l'avantage restera nécessairement à la puissance qui, la première, opposera de tels vaisseaux aux vaisseaux ordinaires.

« La question principale est de placer la machine à l'abri du boulet, et c'est surtout pour cette raison que le système à roues ne peut être comparé, dans ce cas, au système à hélice.

« Il résulte des recherches que nous avons faites à cet égard, qu'en adoptant pour les vaisseaux une machine de la force de 1,000 chevaux, même à basse pression, tout le système peut être placé entièrement au-dessous de l'eau. L'hélice, d'ailleurs peu vulnérable, est complétement immergée et protégée par l'arrière du navire qui la recouvre.

« A l'égard de la cheminée, qui ne dépassera que de quelques pieds le pont supérieur d'un vaisseau, elle ne pourra être abattue, et les trous de boulets seront facilement bouchés au moyen d'autoclaves disposés d'avance.

« Les chaudières, les machines et le charbon occuperont, il est vrai, un grand espace et surchargeront le navire d'un poids considérable. Mais, en admettant le cas le plus défavorable, c'est-à-dire l'emploi des machines à basse pression, le poids total de la machine, des chaudières et du charbon pourrait ne pas dépasser 1,000 tonneaux. Son logement à bord entraînerait nécessairement la suppression d'une grande quantité de caisses à eau, inconvénient auquel il serait possible de remédier au moyen de l'eau distillée, en embarquant les appareils convenables.

« C'est par la suppression de cette eau, d'une partie du lest, s'élevant actuellement à 635 tonneaux, des mâts de rechange, et au besoin par la réduction de l'artillerie, qu'on rachèterait la surcharge provenant de la machine et du charbon.

« Nous ne faisons pas mention ici des machines d'une faible puissance destinées à procurer de petites vitesses aux vaisseaux de ligne, car nous sommes convaincu que ce serait un essai malheureux. Les autres nations, jalouses de procurer à leurs vaisseaux un avantage de marche qui leur assurerait une grande supériorité, soit dans l'attaque, soit dans la retraite, les muniraient d'appareils de plus en plus puissants [1]; nous nous verrions donc, à notre tour, obligés de remplacer nos faibles machines par d'autres plus fortes, ce qui rendrait inutiles les premières dépenses; la répugnance bien naturelle qu'on éprouverait à consentir à un tel sacrifice entraînerait infailliblement les conséquences les plus désastreuses. Il faut adopter la machine la plus forte possible, et je crois celle de 1,000 chevaux la plus convenable pour les vaisseaux de 1er rang.

[1] C'est précisément ce qui s'est produit.

« Nous sommes convaincu qu'à la première guerre de semblables vaisseaux seront employés, soit au commencement de la lutte, soit à une époque quelconque de sa durée [1].

« En résumant tout ce qui a été exposé sur cette importante question, il nous semble démontré que l'hélice peut avantageusement remplacer les roues pour tous les bâtiments de guerre, excepté pour ceux destinés au transport des dépêches dans la Méditerranée, et peut-être dans l'Océan. Mais c'est surtout dans son application aux vaisseaux de ligne qu'elle est destinée à opérer une révolution complète dans l'art de la guerre maritime. »

Ainsi j'indiquais, il y a vingt-cinq ans, toutes les dispositions principales qui ont été adoptées successivement pour arriver à établir de puissantes machines sur nos vaisseaux : *suppression d'une grande partie de l'eau en caisses remplacée par l'eau distillée*, *suppression du lest*, *réduction de l'artillerie*, *des chaînes*, *ancres*, *apparaux*, *etc.*, *etc.*

D'ailleurs toutes les autres questions de principe exposées dans ce mémoire, qui ouvrit la voie des études théoriques et pratiques sur l'application de l'hélice à la navigation encore à ses débuts, ont été depuis sanctionnées par l'expérience; ainsi, j'y signalais l'impossibilité d'établir convenablement, à l'arrière renflé de nos vaisseaux, des hélices même de petit diamètre, Affinement des carènes.

[1] Il était bien entendu que ces vaisseaux devaient être armés d'un éperon, puisque c'était précisément en vue de cet engin de guerre que j'avais reçu la mission dont je rendais compte : mais je ne pouvais mentionner dans un document destiné à la publicité une question qui était alors examinée en comité secret : ce ne fut que deux ans plus tard que la question de l'éperon fut comprise dans le programme des navires à vapeur, envoyé dans tous les ports.

et en conséquence la nécessité d'allonger l'arrière de 5 à 6 mètres en affinant les façons dans cette partie du navire; je donnais les plans des modifications que je proposais (page 23, et fig. 15 et 16 du mémoire); l'avant était affiné par l'établissement de l'éperon.

En Angleterre, au contraire, on croyait plutôt qu'il y avait de l'avantage à placer l'hélice dans une partie pleine, et ce n'est que longtemps après et lorsqu'on avait établi les hélices de plusieurs vaisseaux dans ces mauvaises conditions, qu'on est revenu, dans ce pays, sur ce qu'on appelait les avantages du *squaretuck*.

Nous nous proposions de donner nous-mêmes, à notre premier bâtiment de guerre à hélice, *le Chaptal*, les façons pleines du bâtiment à roues *le Titan,* auquel il devait être comparé : en indiquant (page 7) les mauvaises conditions dans lesquelles on allait faire cet essai comparatif, j'insistais sur la nécessité d'affiner l'arrière du *Chaptal :* l'essai n'a pas eu lieu et les façons du *Chaptal* ont été affinées.

Puits de remontage.

Afin de ne pas diminuer les qualités du navire à la voile, et aussi pour visiter et dégager plus facilement l'hélice, je proposais (page 12 et fig. 15 et 16) d'établir au-dessus du propulseur un puits destiné à le remonter.

Ce puits, généralement adopté dans la marine anglaise, ne l'a été que partiellement en France; les hélices à ailes déployées, adoptées d'ailleurs pour tous nos bâtiments cuirassés, ne se prêtant pas à cette disposition : toutefois, même pour ce genre d'hélice, la commission des cuirassés a reconnu l'utilité d'un puits, de dimensions réduites, qui rendrait plus facile la visite ou le dégagement du propulseur.

Forme de la quille.

J'indiquais aussi l'utilité de relever le bout de la quille (page 76 et fig. 79), à partir du premier étambot, afin de préserver le deuxième étambot, moins solide, en cas d'échouage sur un fond plat : cette disposition a souvent été adoptée; on s'est quelquefois borné, pour les navires en bois, à supprimer la fausse quille à partir du premier étambot.

Suppression du tambour.

J'indiquais les inconvénients du tambour sur lequel M. Ericcson fixait les palettes, et la convenance de les rattacher directement à l'arbre (page 63).

Forme des hélices.

Cette disposition admise, je signalais, parmi les nombreux propulseurs que je décrivais, les ailes de l'hélice de Hunt (page 63) comme celles qui devaient être préférées, et c'est aussi sensiblement la forme généralement adoptée aujourd'hui.

Contrairement à ce qui se faisait alors, je recommandais de tailler en biseau tous les bords de l'hélice en respectant scrupuleusement les lignes héliçoïdes de l'intrados : j'insistais sur l'utilité de lui donner le plus grand poli possible (page 64); enfin, après diverses considérations théoriques, je donnais la préférence, au point de vue de l'utilisation, aux hélices évidées (à grand diamètre), qui permettaient, en outre, l'emploi des machines à action directe, tout en indiquant le mode d'expériences comparatives à entreprendre à cet égard (page 65, fig. 16).

FRÉGATE EN FER

A GRANDE VITESSE, A PONT CONVEXE EN FER ET A ÉPERON.

En 1843, pendant que je concourais aux expériences de Lorient, je fis les plans d'une frégate qui devait être douée d'une vitesse supérieure : par suite de considérations longuement développées, contenues dans le mémoire qui accompagnait ces plans, et basées sur les expériences que nous venions de faire, la frégate devait être construite en fer : elle était munie d'un pont convexe ayant 2 mètres de flèche, également en fer, aboutissant à un mètre au-dessous de la flottaison, et dont la résistance avait été calculée, d'après les mêmes expériences, de manière à briser et faire ricocher les boulets; en outre, les panneaux étaient disposés de manière à ce qu'il n'y eût aucune communication directe entre la cale et l'entre-pont. La longueur était de 74 mètres, la largeur de 12 mètres, le tirant d'eau arrière de 7 mètres avec 1 mètre 80 de différence; la surface du maître couple de 51 mètres, et le déplacement de 2544 tonneaux; la surface totale de voilure de 2,031 mètres carrés.

Tous les calculs relatifs au poids de coque, à la stabilité, etc., etc., avaient été établis avec un soin minutieux, et d'ailleurs un modèle au cinquantième était joint aux plans.

La vitesse devait être de 14 nœuds au minimum et je prévoyais le cas où cette vitesse pourrait être dépassée, si on adoptait les chaudières tubulaires, alors à leur début. L'éperon était composé de fortes barres de fer, soudées ensemble à leur extrémité, et qui entraient dans la construction même du navire.

VAISSEAUX A VAPEUR

A ÉPERON A GRANDE VITESSE.

Les vaisseaux, qui devaient recevoir la même machine que la frégate, étaient considérés sous le triple point de vue de vaisseaux garde-côtes, vaisseaux destinés à tenir la mer pendant un temps limité (un mois), et enfin ceux qui devaient être disposés pour des voyages lointains.

Je trouvais, qu'abstraction faite de l'équipage et de l'artillerie conservés intacts, le total des poids sur lesquels on pouvait opérer s'élevait à 1470 tonneaux (eau, lest, etc., etc.).

Les vaisseaux de la première catégorie disposaient de la presque totalité de ces poids, pour la machine, le charbon, les troupes et le matériel de guerre.

Pour les vaisseaux de la deuxième catégorie, la répartition des poids (que je ne reproduis que très-sommairement) s'établissait ainsi :

Machines.	600 tonneaux.
Charbon.	560 »
Mâture, etc.	210 »
Vivres, eau, etc.	100 »
Total.	1470 tonneaux.

Quant aux vaisseaux de la troisième catégorie, on portait à 260 les 100 tonneaux représentant le poids des vivres, eau, etc., en réduisant la quantité de charbon embarquée. L'éperon de ces vaisseaux ne différait pas de celui que j'avais proposé dans l'origine.

Ces projets furent soumis, en juin 1844, à l'examen de la commission supérieure présidée par M. le prince de Joinville. Ils furent l'objet d'un sérieux examen de la part de cette commission, qui m'admit d'ailleurs dans son sein, afin que je pusse lui fournir toutes les explications nécessaires. Cependant, préoccupée d'obtenir, pour la marine à vapeur, des améliorations qui lui paraissaient plus urgentes, la commission ajourna toute décision à l'égard de mes propositions [1].

Je dus enfin m'apercevoir que j'avais donné trop d'extension à mon œuvre pour qu'elle pût aboutir auprès de l'administration; je fus ainsi conduit à réduire mes projets à l'unique proposition relative aux vaisseaux de la troisième catégorie, proportion qui n'entraînait pas la construction d'un navire spécial.

J'adressai donc au ministre, le 25 octobre 1847, le dossier relatif au vaisseau à vapeur et à éperon destiné à tenir la mer. Il contenait tous les plans d'emménagement de mâture, voilure, etc., ainsi que les calculs relatifs à l'assiette et à la stabilité du vaisseau, à sa vitesse à la vapeur, etc.

Le mémoire qui accompagnait mon projet n'ayant pas paru suffisamment détaillé, je m'empressai d'y

[1] M. le prince de Joinville daignait m'écrire à ce sujet : « Dans les discussions auxquelles ont donné lieu vos projets de navires à éperon, dans le sein de la commission, on n'a rien trouvé à y dire : mais, comme nous avions quelques améliorations plus urgentes à obtenir, nous les avons laissés de côté, momentanément, pour ne pas demander trop à la fois. »

ajouter tous les développements qui m'étaient demandés, et ce document, ainsi complété, fut transmis au ministre le 9 avril 1848. Ce qui caractérisait particulièrement les emménagements et en déterminait le caractère, c'était la position des chaudières et de la cheminée sur l'avant du grand mât, et l'établissement des soutes à charbon dans l'entre-pont, tribord et bâbord, à la place des sacs de l'équipage, reportés aux extrémités du navire : c'était le seul système d'emménagement rationnel, *aussi a-t-il prévalu définitivement.*

Malheureusement cette manière de voir n'était pas alors partagée par l'administration, car, quelque temps après, elle adressa dans les ports un programme de vaisseau de 100 canons muni d'une machine de 650 chevaux, imposant la condition de mettre la cheminée à l'arrière du grand mât, en laissant les sacs de l'équipage à leur place habituelle (§§ 4 et 5), à l'exemple, du reste, de ce qui se faisait alors en Angleterre. Cette partie importante de mon travail ne se présentait donc pas dans des circonstances favorables. D'autre part, ayant pris pour base de mes calculs le vaisseau de 100 canons *l'Hercule,* dans les conditions où il se trouvait au moment de prendre la mer, en avril 1837, avec $1^{m}88$ de hauteur de batterie, je démontrais que mon vaisseau transformé, conservant son équipage et son artillerie, les vivres réduits à 4 mois, son eau à 45 jours, avec un appareil pesant 570 tonneaux et 525 tonneaux de charbon, une mâture spéciale beaucoup plus légère [1], quoique ne réduisant que de 300 mètres carrés la surface de voilure, conserverait la hauteur de batterie de $1^{m},88$.

[1] Ce système de mâture, semblable, dans ses dispositions, à celui de nos vaisseaux à éperon actuels, était surtout nécessité par les exigences d'un bâtiment qui devait faire usage de l'éperon.

Je produisais à l'appui de mes assertions le tableau suivant :

COMPARAISON

DES DEVIS DES POIDS DU VAISSEAU DE 100 CANONS ET DU VAISSEAU A VAPEUR ET A ÉPERON.

HERCULE, EN AVRIL 1837, pour une hauteur de batterie de 1m,88.			VAISSEAU DE 100 à vapeur et à éperon.		
Artillerie, etc.		500,000	Artillerie		500,000
Mâture, agrès, etc.		390,000	Mâture		305,768
Vivres pour 916 hommes pour 6 mois		172,540	Vivres		115,000
Tare des futailles et ustensiles.		45,000	Tare des futailles		30,000
Boissons	Eau	330,000	Boissons	Eau	123,600
	Vin	119,605		Vin	56,700
	Eau-de-vie	1,686		Eau-de-vie	7,000
Caisses à eau		54,000	Caisses à eau		20,000
Pièces à eau		2,200	Pièces à eau		1,400
Futailles		24,437	Futailles		13,000
Combustibles	Bois	57,700	Combustibles	Bois	15,000
	Charbon	32,000		Charbon	525,000
Bois d'arrimage		20,000			
Provisions du capitaine, etc.		14,000	Provisions du capitaine, etc.		10,000
Équipage		91,600	Équipage		91,000
Embarcation et menus objets.		40,000	Embarcation et menus objets.		31,400
Effets en supplément à l'armement ordinaire		90,900	Appareil à vapeur, eau comprise		570,000
Lest		430,000			
Exposant de charge		2,415,468	Exposant de charge		2,415,468

L'expérience a démontré plus tard que les résultats annoncés n'avaient rien d'exagéré; en effet la machine de 650 chevaux qui a été embarquée sur les vaisseaux de 100 (*Wagram*, *Fleurus*, *Prince Jérôme*, *Navarin*), pesait 449 tonneaux, plus 534 tonneaux de combustible, total 983 tonneaux. Le poids de mon appareil était de 570 tonneaux, plus 525 tonneaux de combustible, total

1095 tonneaux (différence 112 tonneaux) : mais la mâture spéciale que j'adoptais me procurait, y compris les agrès et apparaux, etc., et le déplacement de l'éperon, une économie de 85 tonneaux, que je justifiais dans mon mémoire : de plus la légèreté de la mâture, combinée avec la position très-abaissée du centre de gravité de l'appareil moteur, me permettait de supprimer les 80 tonneaux de lest embarqués sur ces vaisseaux : l'économie définitive s'élevait donc à 165 — 112 = 53 tonneaux, ce qui m'eût permis de porter l'approvisionnement de charbon à 578 tonneaux, pour rester dans les mêmes conditions de chargement que les vaisseaux dont il s'agit. J'ajoute que la contenance des soutes, y compris les blindages des batteries, était de 600 tonneaux (pièce P).

Si maintenant on considère que le vaisseau proposé, affiné à l'arrière, comme j'en avais indiqué la nécessité dès 1841, devait à son éperon une grande acuité de formes à l'avant, on sera conduit à admettre que sa vitesse eût été peu inférieure à celle de *l'Algésiras* dont la machine ne pesait que 35 tonneaux de plus (605 tonneaux au lieu de 570 tonneaux).

La vitesse à la vapeur eût été bien supérieure à celle que j'annonçais, ce qui s'explique facilement : d'abord, parce qu'afin d'aller au-devant de toute objection, que cependant je n'ai pas évitée, j'avais donné au coefficient K la valeur la moins favorable, 0,013, celle que M. Campaignac assignait aux machines faisant 40 tours, comme celle que je proposais, et en second lieu parce qu'alors on ignorait la grande diminution de résistance des carènes de vaisseaux : ce ne fut qu'après les expériences du *Charlemagne* et du *Napoléon* qu'on reconnut que cette diminution de résistance, favorisée encore par une plus grande finesse des lignes d'eau, pouvait élever la vitesse de près de deux nœuds : c'est ainsi que *le Napoléon* a obtenu une vitesse de $12^{n}75$ au lieu des 11 nœuds, annoncés par M. Dupuy de Lome, et qui résultait de l'emploi des coefficients encore admis alors. Il est vrai que le savant ingénieur, pressentant l'influence des grandes dimensions et des formes de la carène, donnait ce chiffre comme un minimum.

Quoi qu'il en soit, le vaisseau à éperon que je proposais eût constitué dans son ensemble le vaisseau à grande vitesse tel qu'on l'entend maintenant : mais il ne faut pas perdre de vue qu'il impliquait l'affinement de l'arrière allongé, celui de l'avant dû à l'éperon, et l'adoption d'une mâture spéciale, qui, plus légère par elle-même et par ses agrès, permettait la suppression complète du lest : cette œuvre, modifiée, au besoin, au point de vue de l'artillerie nouvelle, ne me semble pas avoir perdu encore de son actualité : j'ai développé cette pensée dans une note récente adressée à qui de droit.

En ce qui concernait la marche à la voile, je pensais qu'elle ne serait pas diminuée, grâce à un moindre fardage de la mâture et à l'affinement des lignes d'eau.

Dans l'avis émis par le conseil des travaux le 21 juin 1848, plusieurs objections furent faites à mon projet. Le conseil n'admettait pas, surtout, que le vaisseau pût atteindre la vitesse de $9^{n}08$ avec un appareil pesant 570 tonneaux. Je revis mes calculs, et je prouvai que la force développée serait de 932 chevaux, et s'élèverait à 1151 avec deux atmosphères de pression, en adoptant des chaudières tubulaires; qu'avec le coefficient de 0,013, c'était bien sensiblement une vitesse de $9^{n},08$ qu'on devait atteindre avec cette force de 932 chevaux. J'ajoutais de plus amples explications sur les autres parties contestées de mon travail. Ces nouveaux développements eurent pour résultat de modifier favorablement les dispositions du conseil des travaux, et ce fut à la suite du nouvel avis de ce conseil que mon travail fut soumis à l'examen du conseil d'amirauté, qui, après une étude approfondie, proposa, à l'unanimité, d'armer d'un éperon l'un des navires de la flotte, afin de procéder immédiatement à des expériences sur la machine de guerre que je proposais.

Le conseil réservait les questions relatives à la machine, à la mâture et aux emménagements, pour ne pas compliquer la question principale de détails qu'il considérait comme accessoires ; mais le ministre m'annonça (pièce B) que, par suite de considérations purement financières, il ne pouvait donner suite, pour le moment, à la proposition du conseil d'amirauté.

SYSTÈME A PIBLE

APPROPRIÉ A LA MATURE ORDINAIRE.

Le système de mâture à pible présente de grands avantages sous le rapport de la légèreté et surtout de la facilité de la manœuvre des voiles.

En présence des grands avantages que présentait ce système, Lescallier (*Traité de la Mâture*) regrettait qu'il impliquât la réunion en une seule pièce du bas mât et du mât de hune.

Or je pensai qu'il était possible, tout en conservant la subdivision de la mâture de nos bâtiments, d'y appliquer le système à pible. Je fus autorisé à en faire l'essai sur *le Chaptal*, en 1846, et ce système réussit parfaitement, comme l'ont constaté les commissions qui l'ont examiné et les capitaines qui en ont fait usage (pièce C).

En 1856 j'obtins d'en faire l'application au mât de misaine du vaisseau *l'Eylau*, que je commandais. Je m'en suis servi avec succès pendant tout mon commandement. M. l'amiral Desfossés demanda, en novembre 1858, qu'on revînt, pour le mât de misaine de *l'Eylau*, au système ordinaire.

Mais en faisant cette demande, cet éminent officier général, qui avait longtemps navigué sur *le Chaptal*, déclarait qu'il considérait le système à pible en question comme excellent et devant être rendu réglementaire, pour tout autre navire qu'un vaisseau de combat, auquel des hunes étaient nécessaires pour la mousqueterie (pièce D) ; mais, si j'avais été consulté, j'aurais fait remarquer que l'établissement des hunes était parfaitement compatible avec le système à pible ; aussi est-il prévu dans le projet de mâture en tôle dont je parlerai plus loin.

MATURE ET VOILURE DES AVISOS
ET DES VAISSEAUX A VAPEUR.

La mâture arrêtée pour *le Chaptal* en 1844 ne comportait que deux mâts, comme celle des avisos de cette classe.

J'ai été autorisé à l'établir en trois mâts barque, et les résultats ont été assez satisfaisants pour que, sur l'avis du conseil des travaux, le système ait été rendu réglementaire pour tous les avisos (séance du 16 octobre 1855).

Ce système était d'ailleurs identique à celui que j'avais proposé pour le vaisseau à éperon et dont j'avais seulement réduit l'échelle.

Outre la nécessité de donner à des bâtiments qui devaient faire usage de l'éperon une mâture allégée, surtout dans les hauts, j'avais bien compris qu'en général l'ancien système ne pouvait convenir à des vaisseaux munis d'une puissante machine, et c'est, en effet, celui auquel je m'étais arrêté qu'on retrouve enfin sur nos bâtiments cuirassés. Il ne reste plus qu'à en établir les huniers à pible pour que mes idées à cet égard aient reçu complète satisfaction.

VAISSEAUX GARDE-COTES.

Le 19 juillet 1858, à la demande de l'administration (pièce E), et à l'occasion d'un travail relatif au *Jemmapes*, envoyé par le port de Cherbourg, j'ai reproduit mes idées sur cette question en fournissant les plans de transformation de ce vaisseau en garde-côtes.

Je me bornerai à dire que le vaisseau devait être à éperon et cuirassé, et que la cuirasse était disposée pour contribuer à la solidité du vaisseau, au moyen du clavetage des plaques de cuirasse entre elles.

Prolongement de quille métallique.

A cette occasion, je proposai de remplacer par une pièce métallique la partie en bois de la quille qui passe sous l'hélice. On pouvait ainsi en diminuer notablement la hauteur, comme l'indiquaient les plans.

Cette disposition est assez importante, car tout ce qu'on gagne en hauteur sur cette partie de la quille se traduit en diminution égale de tirant d'eau, pour les navires à construire, et en augmentation, toujours favorable, du diamètre de l'hélice pour les bâtiments existants.

En 1860, je renouvelai cette proposition pour le vaisseau *l'Austerlitz*, dont l'hélice était à changer et dont la hauteur de quille en ce point était encore augmentée par son système d'armature. La direction des constructions de Cherbourg, consultée par le Ministre sur la possibilité de cette modification, répondit favorablement. Mais di- vemotifs, étrangers au principe en lui-même, empêchèrent d'y donner suite. Depuis quelque temps on est entré dans cette voie.

Éperon de poupe. Je renouvelai la proposition d'établir un deuxième éperon à l'arrière; évidé en dessous, pour faire place à l'hélice et au gouvernail, cet éperon devait protéger contre le choc ces organes essentiels : quoique moins solide que celui de l'avant, son action pouvait néanmoins être efficace pour opérer le choc dans la marche en arrière, surtout s'il était muni d'un cône explosif.

MATURE EN TOLE

ET GRÉEMENT POUR LES BATIMENTS CUIRASSÉS.

En juillet 1858, en adressant au Ministre les plans d'une mâture spéciale en tôle pour les bâtiments cuirassés, je disais :

« La disposition à pible a donné sur *l'Eylau* des résultats au moins aussi satisfaisants que le système ordinaire, comme solidité et facilité de manœuvre : vu sa simplicité, il serait adopté comme base de la mâture proposée.

« Les bas mâts seraient en tôle, solidement établis au point de vue des manœuvres d'abordage [1]. On pourrait établir une hune au-dessous du capelage, si on le jugeait utile.

« Ces mâts pouvant être renforcés à volonté à la partie du ton, le capelage des bas-haubans et étais serait *au-dessous* des basses-vergues.

« Cette position du capelage permettrait l'orientation dans tous les sens [2]. »

[1] Manœuvre du corbeau, mais appropriée aux conditions nouvelles de l'art maritime et militaire.

[2] C'est ce qu'on obtient avec certains systèmes de mâture (tripodes), dernièrement appliqués en Angleterre.

Cette mâture en tôle, établie en principe dans les mêmes conditions que celle du vaisseau à éperon, présente certaines dispositions spéciales que ne comportaient pas des mâts en bois. Ces dispositions la rendent encore plus simple et d'un usage plus commode au point de vue de la manœuvre des voiles et des engins de guerre.

APPAREILS A VAPEUR.

APPAREILS A VAPEUR.

MACHINES

DE 1,000 CHEVAUX POUR LES VAISSEAUX.

PLANS D'EXÉCUTION D'UNE MACHINE A ACTION DIRECTE DE 1,000 CHEVAUX.

On a vu, dans le Rapport de 1841, que je signalais l'utilité, non-seulement au point de vue du présent, mais surtout à celui de l'avenir, de munir les vaisseaux de premier rang d'une machine de 1,000 chevaux : je m'efforçais de démontrer les conséquences fâcheuses qu'entraînerait l'emploi de faibles appareils dont on aurait le regret de constater plus tard l'impuissance relative; et j'indiquais enfin les diverses dispositions nécessaires à adopter pour permettre de loger sur nos vaisseaux cette puissante machine.

Je savais que, dans une affaire aussi considérable et tout à fait nouvelle, des indications générales étaient insuffisantes, et que ce n'était qu'en fournissant tous les plans de détail, accompagnés des calculs nécessaires, que je pouvais espérer arriver à une solution pratique :

je m'occupai immédiatement de ce travail, auquel je mis la dernière main à Lorient en 1843.

Aussitôt après mon retour à Paris, en juin 1844, je mis sous les yeux de la commission supérieure, présidée par M. le prince de Joinville, les plans d'exécution de la machine que je proposais d'établir sur la frégate en fer et sur les vaisseaux dont j'ai parlé plus haut (Constructions navales).

Mais la machine dut subir le même ajournement que la frégate et les vaisseaux.

Sur ces entrefaites, je fus nommé au commandement du *Chaptal*, qui devait recevoir une machine semblable (sur une petite échelle) à celle que je proposais, et dont elle ne différait que par la disposition des pompes à air et l'inclinaison des cylindres.

L'étude de cette machine m'a donc permis, par la comparaison des volumes des cylindres, de vérifier l'exactitude de mes calculs, relativement au poids et à la puissance de mon appareil.

Les plans de cet appareil firent partie du dossier relatif au vaisseau à éperon, auquel je réduisis mes propositions et que j'adressai au Ministre le 25 octobre 1847.

La machine était à action directe et à quatre cylindres de $1^{m},80$ de diamètre et $1^{m},09$ de course [1] : elle devait faire 40 tours ; sa force nominale était de 966 chevaux.

Le diamètre de l'hélice était de $6^{m},50$, son pas de $9^{m},75$ [2], sa fraction de pas de $0^{m},33$.

[1] Ce rapport de 0,61 entre la course et le diamètre du cylindre, alors inusité, est sensiblement celui généralement adopté maintenant pour nos grandes machines.

[2] Ce rapport entre le diamètre et le pas est celui auquel on est arrivé : quant aux diamètres des hélices des vaisseaux, ils tendent chaque jour à se rapprocher de la cote de $6^{m},50$.

Le poids de l'appareil, d'après les nouveaux calculs, était de 570 tonneaux.

Mais l'opinion de l'administration n'était plus favorable à l'action directe : on regrettait déjà la concession faite pour la machine du *Chaptal*, qui fut du reste la première de ce genre appliquée à l'hélice d'un bâtiment de guerre, et ce ne fut pas sans difficulté que je parvins, en 1847, de concert avec M. Mangin, un de nos plus habiles ingénieurs, à faire suspendre l'ordre, déjà arrivé à Cherbourg, de mettre la machine du *Chaptal* à engrenages [1]. Il eût été bien fâcheux que nous eussions renoncé au système que nous avions inauguré, précisément au moment où on se préparait à l'adopter en Angleterre.

Quoi qu'il en soit, le Conseil des travaux, se plaçant sans doute au point de vue des machines à engrenage [2], trouva mes estimations de poids beaucoup trop faibles, tandis qu'elles ont été justifiées depuis par l'expérience (comme je l'ai démontré ci-dessus).

On paraissait, en outre, disposé à entrer dans la voie de l'application de faibles machines (120 à 160 chevaux) aux vaisseaux ; et c'est quelque temps après que le vaisseau à trois ponts *le Montebello* reçut une machine de 160 chevaux. En présence des dispositions de l'administration en faveur de l'engrenage et de la faible puissance, le moment n'était guère propice pour présenter

[1] Voir la notice sur le Chaptal (*Nouvelles Annales maritimes*, février 1851), où, rappelant ce fait, je plaidais de nouveau la cause des machines à action directe, dont la condamnation venait d'être confirmée par un article publié dans le nº 7 des mêmes *Annales* (1850).

[2] Peu après on imposa au vaisseau *le Napoléon* une machine à engrenage pesant 950 tonneaux, qui a été remplacée depuis par un appareil de même force, pesant 300 tonneaux de moins, et moins encombrant à proportion.

les plans d'un appareil à action directe et à grande puissance pour les vaisseaux.

Aussi ma proposition ne fut-elle pas d'abord bien accueillie : toutefois un nouvel examen du Conseil des travaux, qui voulut bien m'admettre à lui présenter mes observations, fut suivi d'un rapport plus favorable, et c'est alors que mon projet fut soumis à l'appréciation du Conseil d'amirauté. (Voir le Rapport au Conseil d'amirauté, pièce A.)

Le rapporteur de ce dernier Conseil, sans nier l'exactitude de mes calculs, ne crut pas devoir proposer de compliquer la question de l'éperon de celle d'une machine de proportions inusitées, et s'en tenait à l'appareil de 500 chevaux préparé pour le vaisseau *l'Austerlitz*, sur lequel il proposait de faire l'essai de l'éperon.

En résumé, j'ai exposé en termes généraux, en 1841, les avantages et la possibilité de munir les vaisseaux de premier rang d'une machine de 1,000 chevaux; en 1844, j'ai mis sous les yeux de la Commission supérieure des navires à vapeur et soumis, en 1847, au Conseil des travaux les plans d'exécution d'une machine de 1,000 chevaux à action directe, applicable soit aux vaisseaux, soit à une frégate à grande vitesse. Cette machine soutiendrait, je crois, avec avantage la comparaison avec un grand nombre de machines, dont sont encore pourvus nos vaisseaux.

MACHINES ÉQUILIBRÉES.

Au commencement de 1849, à l'occasion du changement d'arbre à manivelles du *Chaptal*, je proposai un arbre à manivelles équilibrées qui constituait par le fait la machine elle-même en machine équilibrée. En effet, outre l'avantage de supprimer ainsi, sur les coussinets de l'arbre, tout le frottement dû à l'action de la machine, ce système a, pour les navires, celui de conserver leurs machines toujours en équilibre parfait, quelle que soit l'inclinaison du bâtiment.

Sans méconnaître ces avantages, le Conseil des travaux ne crut pas devoir en proposer l'application au *Chaptal*.

Mais quelque temps après, notre habile mécanicien, M. Cavé, ayant à construire deux machines pour la marine, de 900 et 600 chevaux, voulut bien y faire l'application de mon système, après toutefois s'être assuré par expérience qu'un modèle d'arbre, que j'avais calculé pour présenter sur toute sa longueur une égale résistance à la torsion, remplissait réellement cette condition [1].

[1] Dans l'ouvrage du vice-amiral Paris sur l'hélice, il s'est glissé une erreur de date à l'égard de la machine Carlston, qui est venue assez

Ces machines ont été placées sur le vaisseau *l'Eylau* et la frégate *l'Isly ;* elles ont parfaitement rempli mon attente en ce qui concernait le principe en lui-même : si les pompes à air ont laissé d'abord à désirer, leur fonction a été excellente depuis que j'ai modifié les réservoirs d'air de la bâche [1] (auparavant les clapets se détérioraient fréquemment).

Ces appareils ont produit des chiffres considérables de traction au dynamomètre, mais on n'a pu juger de l'utilisation de la machine au point de vue du système des manivelles, car *l'Eylau* renflé à l'avant n'a pas de similaires dans les vaisseaux rapides, dont les hélices ont reçu d'ailleurs au minimum $5^{m}80$ de diamètre, tandis que celui de l'hélice de *l'Eylau* n'était que de $5^{m}60$. Toutefois les vitesses obtenues ont été fort belles, si on considère les conditions défavorables où l'on se trouvait placé sous le rapport des formes du vaisseau et du diamètre restreint de l'hélice : aux essais, on a constaté une moyenne de $12^{n},02$ pendant 6 heures consécutives.

Le principe des machines équilibrées aurait, sans doute, pris faveur dans la marine si, à cette époque, le système des deux cylindres (qui ne se concilie pas avec les manivelles équilibrées) n'avait pas prévalu, même pour les plus grands appareils. Si l'on revenait à une plus grande subdivision des cylindres, ce qui n'est pas impossible, la machine équilibrée, convenablement modifiée dans quelques détails, serait, j'en suis convaincu, très-avantageuse.

longtemps après le 25 mai 1849, *date officielle* de la production de ma machine, à laquelle d'ailleurs elle ne ressemble pas.

[1] Après les traversées du Mexique on écrivait de *l'Eylau*: « Les pompes à air sont maintenant excellentes, depuis longtemps on a perdu l'habitude de stopper pour elles. »

INSTALLATION DES HÉLICES.

Dans le Mémoire sur les puits à hélice, publié en 1850, je donnais les plans de l'hélice établie en porte à faux, avec tourillon à l'arrière butant sur le deuxième étambot. L'hélice était amovible : même pour les hélices fixes, un semblable tourillon me paraîtrait devoir être ajouté pour la marche à la voile.

ÉVACUATION

SUPPLÉMENTAIRE ET FERMETURE DES ORIFICES SOUS-MARINS DES BACHES.

Les machines et chaudières de nos vaisseaux à vapeur, placées au-dessous de la flottaison, étaient à l'abri des boulets; mais les orifices d'évacuation, percés un peu au-dessus de la flottaison, s'offraient comme but bien distinct aux coups de l'ennemi : en atteignant le vaisseau, même dans le voisinage de ces orifices, les obus surtout pouvaient paralyser la machine; d'un autre côté, une évacuation sous-marine, outre qu'elle gênait le dégagement de l'eau à cause du sillage, impliquait de larges ouvertures sous-marines peu rassurantes. Je pensai qu'on pouvait concilier toutes choses en ne soumettant ces derniers orifices aux ébranlements du service de la machine que dans les cas exceptionnels du combat, se servant dans les circonstances habituelles du mode ordinaire d'évacuation. Les deux orifices sous-marins, de 35 centimètres de diamètre, solidement établis, devaient être munis de robinets, de dimensions inusitées, d'une manœuvre plus certaine et présentant plus de garanties que les systèmes adoptés jusque-là. J'en ai proposé l'application au vaisseau *l'Ulm* en 1855 et à *l'Eylau* en 1856.

En ce moment les évacuations de nos bâtiments de guerre sont généralement établies sons la flottaison; l'intérêt qu'il y a à ne pas affaiblir leur cuirasse, en pratiquant des orifices d'évacuation au-dessus de l'eau, a conduit à s'en tenir à l'évacuation sous-marine avec robinet.

MISSION

DE VISITE ET DE RETOUCHE DES APPAREILS A VAPEUR DE LA FLOTTE.

Nommé le 1er mai 1859 au commandement du vaisseau *l'Impérial*, je profitai d'une période de réparations pour rechercher certaines défectuosités de ce type de machine, excellent sous bien des rapports, mais qui dans sa comparaison, en mai 1857, avec l'appareil de *l'Algésiras*, de même force nominale, avait montré une grande infériorité, qui subsistait depuis cette époque.

L'Impérial, après diverses modifications apportées à la machine par le port de Brest, avait développé, le 16 mars 1859, une force moyenne de 1983 chevaux de 75 ^{km} pendant un triple parcours de la base de Pénarvir. Le 12 novembre 1859, après les modifications que j'apportai à la machine, sa force s'éleva en moyenne à 3270 chevaux de 75 ^{km} pendant un semblable parcours de la même base. Comparé au vaisseau *l'Algésiras*, *l'Impérial* se trouvait dans les mêmes conditions sous le rapport des vitesses et des consommations.

En présence de ces résultats, le ministre adressa au

préfet maritime de Brest une dépêche qui, après les avoir constatés (pièce F), me chargeait de modifier dans le même sens les appareils de *l'Arcole* et du *Redoutable ;* je m'empressai de remplir la tâche que voulait bien me donner le ministre. Le tableau suivant fait ressortir les résultats obtenus, en rapprochant les essais comparatifs de *l'Algésiras* et de *l'Arcole*, en mai 1857, de ceux de ces mêmes vaisseaux, en mars 1860.

EXPÉRIENCES COMPARATIVES

DE L'ARCOLE ET DE L'ALGÉSIRAS AVEC LA MOITIÉ DES FEUX.

Mai 1857. — Lutte de vitesse. — Brise fraîche favorable.

	ARCOLE.	ALGÉSIRAS.
Vitesse	9.62	10.92
Consommations	90 Tx 9	70 Tx 5
Consommations rapportées à une même vitesse.	100 Tx	53 Tx

Après les modifications apportées à la machine de *l'Arcole*. — Mars 1860. — Lutte de vitesse. — Brise fraîche alternativement debout et favorable.

Vitesse	10.24	9.86
Consommations	76 Tx	75 Tx
Consommations rapportées à une même vitesse.	96 Tx	100 Tx

La commission ayant, par diverses considérations, jugé les deux vaisseaux équivalents, le rapport 96 : 100 deviendrait 100 : 100. Ainsi les corrections apportées à l'appareil de *l'Arcole* en avaient sensiblement doublé la valeur.

L'Arcole, le Redoutable et *l'Algésiras* ayant fait partie de la même escadre depuis leur armement, on a pu constater que leurs conditions respectives n'avaient pas changé, jusqu'au moment où j'ai été appelé, en novembre 1859, à m'occuper des appareils des deux premiers; ce qu'on pouvait induire d'ailleurs d'un essai fait avec *l'Arcole*, le 10 décembre 1859 (mais il n'était pas comparatif). Voici, en effet, la note que je relève dans le devis de *l'Algésiras*, rédigé par un éminent officier, M. le capitaine de vaisseau Dieudonné (aujourd'hui contre-amiral). « Depuis les modifications apportées par le commandant Labrousse aux machines d'Indret, la différence entre les vaisseaux munis de ces machines et *l'Algésiras* me paraît devoir être très-minime : l'utilisation de l'hélice à six ailes de *l'Algésiras* compense à peu près la différence de puissance des machines. (Voir le tableau ci-joint, qui donne la mesure de l'avantage qu'avait *l'Algésiras* sur tous les bâtiments de la flotte de l'Adriatique, aucun n'ayant été encore modifié selon les principes du commandant Labrousse.)

EXTRAIT DU TABLEAU.

NAVIGATION DE CONSERVE DE MESSINE A TOULON.

Juillet 1859.

	ALGÉSIRAS.	ARCOLE.	REDOUTABLE.
Consommations..	118 tonneaux.	268 tonneaux.	265 tonneaux.

NAVIGATION DE CONSERVE DE TOULON A BREST.

Septembre 1859.

	ALGÉSIRAS.	REDOUTABLE.
Consommations......	171 tonneaux.	315 tonneaux.

A la suite de ces travaux, je reçus du ministre, le 10 novembre 1860, une mission de visite et de retouche des principales machines de la flotte (pièce G). Je me mis aussitôt à l'œuvre, mais ayant été nommé, en janvier 1862, à un commandement dans l'escadre d'évolutions, je n'ai pu, malgré toute l'activité que je m'efforçai de déployer, pendant l'année que dura ma mission, accomplir complétement le vaste travail dont j'étais chargé. Je n'achevai, en effet, entièrement, que les navires suivants :

Les vaisseaux à 3 ponts	*La Ville-de-Paris*, *Le Souverain*,	à Toulon.
Les vaisseaux	*Le Turenne*, *Le Duquesne*, *L'Ulm*,	à Brest.
La frégate	*L'Ardente*,	à Brest.
Les vaisseaux	*L'Austerlitz*, *Le Tourville*,	à Cherbourg.

La frégate *la Foudre*, partie avant l'achèvement des travaux, dut emporter les matériaux nécessaires pour les terminer en cours de campagne.

Les corrections des machines de *l'Ardente* avaient pu être achevées avant son départ, et cette frégate a tenu la tête des navires de la division du Mexique; elle filait couramment 10 nœuds avec la moitié des feux, et 38 tonneaux de consommation en 24 heures. Son fonctionnement a été parfait, sauf une avarie de cylindre, due à un défaut de fabrication de cette pièce.

J'ai obtenu, pour la plupart des autres machines, des résultats analogues à ceux constatés par les appareils du type Arcole, *relativement à la situation où se trouvaient ces machines au moment où j'en ai entrepris la correction.* Ainsi, pour les machines de *la Ville-de-Paris* qui, essayées en mars 1861, avant toute retouche, conformément aux ordres du ministre, n'avaient développé qu'une force de 1170 chevaux, on a obtenu 1725 chevaux, en avril 1861, après correction.

Pour *le Souverain*, essayé également avant toute retouche (conformément aux mêmes instructions), sa puissance développée n'a pas été la moitié de celles des essais : sa mise en train ayant cassé, on est rentré au port pour la changer : pendant les réparations, j'ai ordonné pour ce vaisseau des corrections analogues à celles de *la Ville-de-Paris*, ce qui a dû lui restituer sa force primitive, mais je n'ai pu le vérifier, ma mission ayant pris fin trop tôt.

Le Tourville, dans une lutte de vitesse avec *l'Ulm*, le 29 juin 1857, n'avait atteint que 8n,7, sur le pied de 84 tonneaux de consommation en 24 heures, les feux poussés autant que possible (rapport sommaire) ; il a filé, après les corrections, le 1er août 1862, 10n,6 sans pousser les feux.

Le Duquesne, en 1859, avait à peine atteint 9 nœuds; il a filé 10,44 sur le pied de 91 tonneaux de consommation en 24 heures.

L'extrait du tableau suivant, dressé par une commission, fait ressortir les avantages obtenus, comparativement aux résultats constatés pendant les essais de recette.

CONDITIONS DU CAHIER DES CHARGES.	ESSAIS DE RECETTE le 8 février 1855.	ESSAIS APRÈS LES CORRECTIONS le 19 novembre 1861.
Durée de l'expérience, 6 h...	6 heures.	6 heures.
Tension de la vapeur dans les chaudières, 114 cent......	95 centim.	98 c,2
Vide moyen dans les cylindres, 55 cent............	54 c,4	55 c,13
Vapeur dépensée dans les cylindres par heure, 19500...	16789	20146.

Il s'ensuit que, bien que le charbon employé le 19 novembre ne fût pas d'aussi bonne qualité que celui de

1855, la quantité de vapeur a été bien supérieure à celle obtenue lors de la recette de la machine, supérieure même à celle exigée par le cahier des charges.

Quant à la machine de *l'Austerlitz*, de 500 chevaux, une des premières du type Arcole, la puissance développée a été de 1,300 chevaux de 75 ^{km} et sa vitesse de 10 ^{n},65 : à sa dernière campagne, en 1858, ce vaisseau ne pouvait soutenir, par calme, la vitesse de 8 nœuds, la pression tombant immédiatement.

· Ces résultats considérables ont été obtenus par de nombreuses modifications et corrections des appareils, et notamment en isolant des condenseurs et surtout en soustrayant à l'action directe de l'eau d'injection les parois des organes baignées dans la vapeur, en supprimant ou réduisant des compensateurs trop largement proportionnés, en assujettissant convenablement les tiroirs, en modifiant les régulations de vapeur et de purge, en faisant disparaître les pertes de force dues à des vices de montage, en modifiant les grilles, les autels, les prises de vapeur aux chaudières, en établissant convenablement le régime des courants d'air [1], etc.

Les conséquences de ces diverses défectuosités avaient été démontrées d'une manière trop évidente pour ne pas frapper les esprits, et bon nombre ont disparu dans les machines établies depuis ces expériences.

Je n'aurais accompli qu'une partie de ma tâche si, en mettant les machines en mesure de développer des forces plus considérables, je n'avais pas pris soin de changer ou de modifier les organes qui ne présentaient pas

[1] *Le Tourville* et *le Duquesne* avaient des températures de 55° dans l'entre-pont et à proportion dans la chambre de chauffe : ces bâtiments se trouvent actuellement, sous ce rapport, dans les meilleures conditions, comme on l'a constaté dans la campagne des cuirassés.

de garanties de résistance suffisante, tout en consolidant l'appareil lui-même lorsqu'il y avait lieu.

L'expérience et particulièrement les traversées du Mexique ont prouvé que mes soins n'avaient pas été superflus. (Pièce H.)

En effet, la plupart des navires que j'ai mis en état ont pris part à cette expédition : aucune avarie [1] n'est venue les arrêter dans l'accomplissement de cette tâche, rude pour des vaisseaux, tandis que la plupart eussent été incapables de la remplir convenablement auparavant.

On comprendra de quel avantage a été, pour ces bâtiments, une réduction de moitié dans leurs dépenses pour une même puissance, ou, au besoin, une augmentation proportionnelle de puissance pour une même consommation, si l'on considère que dans ces traversées les lieux d'approvisionnement étaient très-distants et que cependant il y avait grand intérêt à abréger, le plus possible, le séjour des troupes à la mer.

Au point de vue de l'économie de combustible obtenue, on peut se rendre compte de son importance, puisqu'elle est égale à la dépense effectuée : or la dépense du charbon se compte par millions.

Les épreuves du *Tourville* et de *l'Austerlitz* n'ont eu lieu qu'après mon entrée dans l'escadre : je n'y ai pas assisté, mais je reproduis les résumés des rapports des commissions (pièce L et pièce K).

[1] Constaté par M. le contre-amiral de La Roncière, alors directeur des mouvements.

CHAUFFAGE MÉTHODIQUE.

En 1859, j'ai établi à bord de *l'Impérial* un mode de chauffage méthodique, ainsi que les instruments spéciaux nécessités pour son emploi : ce mode de chauffage produit une économie notable de combustible, surtout lorsqu'on est souvent obligé, comme sur nos bâtiments, d'employer de médiocres chauffeurs.

Il assure en outre l'ordre et la propreté, indispensables dans les chambres de chauffe des navires, si resserrées par rapport aux nombreux fourneaux desservis.

Rendu réglementaire en 1861.

ARTILLERIE.

4

ARTILLERIE.

GARGOUSSES SPHÉRIQUES.

Les gargousses à ligature, ayant une longueur bien inférieure au diamètre de l'âme de la pièce, se renversaient le plus souvent lorsqu'on les poussait au fond de l'âme au moyen du refouloir. Il en résultait de nombreux ratés et des explosions prématurées très-dangereuses. Les gargousses sphériques, que j'ai proposées en 1834, n'ayant pas de ligature, se présentent toujours bien sous la lumière, de quelque manière qu'elles soient placées dans la pièce.

Après un long examen, où l'on dut statuer sur les questions d'économie de confection, etc., elles ont été rendues réglementaires. Le résumé du Rapport d'une Commission, présidée par M. l'amiral Baudin, alors capitaine de vaisseau, expose la question d'une manière complète. (Pièce M.)

CHARGE SIMULTANÉE.

A la même époque, je fis ressortir combien il serait avantageux, sous le rapport de la vivacité du feu, tout en diminuant considérablement le danger auquel étaient exposés les chargeurs, d'introduire à la fois dans la pièce la gargousse, le boulet et le valet, en refoulant une seule fois, au lieu d'enfoncer d'abord la gargousse, puis le boulet et le valet, en refoulant à deux reprises. (Pièce M.)

Après de nombreuses vicissitudes, ce mode de chargement a été rendu réglementaire.

VALET ERSEAU COUPÉ ET VALET EN CORDE.

Lorsque je proposai la charge simultanée, on employait les valets ovoïdes, qui se prêtaient très-bien à ce mode de chargement. Mais, plus tard, on remplaça ces valets par le valet erseau, moins coûteux et surtout beaucoup moins encombrant.

Mais ce valet avait un défaut capital, qui en rendait l'emploi dangereux : comme il ne pouvait s'épanouir sous l'action du refouloir, on était obligé de lui donner un diamètre supérieur à celui de l'âme de la pièce, pour qu'il maintînt convenablement la charge. Il s'ensuivait que, pour opérer le chargement, il fallait abaisser préalablement la culasse, premier inconvénient, afin que le boulet roulât de lui-même au fond de la pièce : puis on ovalisait le valet qui, rendu sur le boulet, reprenait sa forme circulaire ; si un coup de roulis déplaçait le boulet, il venait arrêter le valet dans sa course, le redressait, et dès lors celui-ci s'arrêtait : c'était là un grave danger même pour la charge ordinaire.

On conçoit, en effet, qu'outre les chances de roulis, le chef de pièce pouvait omettre, dans le feu de l'action, d'abaisser convenablement la culasse, et la pièce se trouvait engagée, circonstance grave vis-à-vis de l'ennemi qui ne courait pas les mêmes chances, car les étrangers n'avaient pas adopté ce genre de valet, si séduisant sous le rapport de l'économie et d'un bien moindre encombrement.

Or, en plaçant à la fois dans la pièce la gargousse, le boulet et le valet, le boulet ne pouvant plus rouler, le valet se redressait toujours et la charge était arrêtée en chemin, comme l'a d'ailleurs constaté, en 1840, la Commission chargée d'un des derniers examens de la charge simultanée.

Pour obvier à cet inconvénient, j'imaginai d'enlever une section de 1 à 2 centimètres au valet erseau, ce qui rendit le chargement aussi facile qu'auparavant, tout en la maintenant suffisamment la charge.

J'indiquais, en outre, la possibilité de remplacer le valet erseau, ainsi coupé, par un simple bout de corde, qui rendait les mêmes services que le premier.

MODIFICATION A L'EXERCICE DES CARONADES.

En faisant intervenir le chef de pièce dans le chargement de la caronade, le travail a été mieux réparti, et par suite la fatigue du chargeur diminuée ; le tir en a reçu une nouvelle accélération : *disposition rendue réglementaire.*

EXERCICE DES DEUX BORDS POUR LES CARONADES.

L'intervention du chef de pièce dans le chargement a rendu possible l'exercice des deux bords qui n'existait pas pour les caronades. Celui que j'ai rédigé *a été rendu réglementaire.*

EXPÉRIENCES FAITES A LORIENT SUR L'ARTILLERIE ET L'ÉPERON DES NAVIRES.

Le 26 décembre 1842, j'ai soumis au ministre un projet de programme d'expériences à exécuter pour constater l'effet des projectiles pleins et creux sur des murailles en fer de diverses épaisseurs, sur leur pénétration et leur effet dans le charbon.

Je demandais en outre que des expériences fussent faites pour déterminer les lois qui régiraient la pénétration de l'éperon dans les murailles des bâtiments.

Je fus adjoint à la commission de Gavres, chargée de l'exécution de ces expériences, accomplies en 1843 et 1844.

Elles servirent à déterminer l'épaisseur de la couche de charbon nécessaire pour éteindre complétement la force vive des divers projectiles, ou pour la réduire assez pour que ceux-ci fussent arrêtés par une simple feuille de tôle représentant une cloison intérieure de soute. Elles firent connaître en outre l'effet des projectiles creux dans l'intérieur des soutes, effet que les rapports anglais avaient fort exagéré.

On reconnut, chose très-importante, qu'une tôle de 12 millimètres brisait les obus des plus forts calibres; enfin, on constata qu'une cuirasse composée de douze feuilles de tôle de 12 millimètres arrêtait et brisait les projectiles pleins animés de la plus grande vitesse.

La question des cuirasses de navires, qui ressortait de cette dernière expérience, fut réservée alors.

Quant à l'éperon, l'expérience prouva qu'il produisait dans une muraille de navire en bois, ou en bois revêtu d'une feuille de tôle de 12 millimètres, des effets destructeurs bien supérieurs à ceux qu'on avait supposés ; que de plus, en donnant à cet éperon une forme aiguë, il ne se produisait pas de réaction vive susceptible d'être préjudiciable à l'abordeur (pièce A).

SABORDS RÉTRÉCIS DES NAVIRES CUIRASSÉS.

A l'origine des navires cuirassés, je fus frappé de la part trop large de vulnérabilité que laisseraient à ces navires pour lesquels tant de sacrifices étaient consentis, pour les mettre à l'abri de l'action des boulets, nos sabords habituels, qui ne présentaient pas moins qu'un carré de 1^{m} 10 de côté, de surface vide ou non cuirassée.

En avril 1859 (pièce N), je présentai au ministre un projet de sabord considérablement rétréci.

Mais, afin de conserver la même amplitude de pointage latéral, ces nouveaux sabords étaient évidés intérieurement. Diverses dispositions devaient être prises pour que ce pointage ne présentât pas plus de difficulté qu'avec les larges sabords. A cet effet, le système pivotant à la hauteur des arêtes extérieures des plaques de la cuirasse, en s'appuyant sur ces arêtes mêmes, je faisais reposer l'arrière de l'affût sur un levier à roulettes, tandis que les roues de l'avant glissaient sur un cercle en bronze.

Mais, outre qu'il fallait s'assurer par l'expérience si ces dispositions suffisaient pour rendre facile le pointage latéral de nos plus grosses pièces, plusieurs objections sérieuses se produisirent.

D'abord, avec des ouvertures rétrécies des 3/4 (puisque la partie obstruée par le canon restait la même), la fumée se dégagerait-elle suffisamment des batteries pour ne pas gêner leur service? En second lieu, les plaques, au lieu de reposer sur un massif en bois, les débordant de 5 centimètres, ne s'appuyant plus que sur un massif évidé et ne débordant pas les plaques, celles-ci ne risqueraient-elles pas de produire des éclats meurtriers, sans arrêter aussi bien les projectiles, lorsqu'elles seraient atteintes dans le voisinage de leurs arêtes?

On ne pouvait répondre à ces objections que par des expériences; elles furent exécutées en 1859, à Brest, sur l'*Impérial* et le *Wagram*, où plusieurs centaines de coups de canons furent tirés, et à Vincennes à diverses reprises. Il résulta de ces expériences : 1° qu'avec les dispositions indiquées le pointage latéral se faisait avec la plus grande facilité;

2° Que la fumée ne gênait nullement dans les batteries, quelle que fût la direction du vent par rapport au cap du vaisseau et quelle que fût l'activité du tir;

3° Qu'avec l'évidement des sabords les choses se passaient, en ce qui concerne l'action des boulets sur les plaques, comme avec les sabords ordinaires.

Je ferai remarquer que, lorsque, postérieurement à nos expériences de Brest, on a établi des canons sur affûts à châssis avec sabords rétrécis, c'est précisément près de l'arête extérieure des sabords qu'a été pris le point de pivotement, ce qui n'avait pas eu lieu jusque-là.

Mantelets métalliques.

La partie supérieure du sabord, qui pourrait seule livrer passage aux projectiles, est fermée par un mantelet métallique, susceptible de résister à l'action des boulets et disposé toutefois de telle manière qu'il ne puisse être projeté en dedans de la batterie, ni engager le sabord pendant le combat : ces faits ont été constatés à Vincennes.

Tel est le résumé sommaire de mes travaux. Je n'ai pas cru devoir citer ceux qui n'ont pas encore reçu de sanction définitive, non plus que ceux qui ne m'ont pas semblé assez importants pour être mis sous les yeux de l'Académie, bien que tous aient abouti : cependant quelques-uns de ceux que j'ai mentionnés ne paraîtront, peut-être, présenter qu'un intérêt secondaire ; mais si je m'étais borné à parler des grandes questions de principe que j'ai posées, je n'aurais guère eu à enregistrer que des propositions dont la réalisation s'est fait si longtemps attendre que mon initiative s'en est trouvée, jusqu'à un certain point, effacée.

Il m'est arrivé, en effet, plus d'une fois, de mettre en avant des idées qui ont pris place aujourd'hui dans le domaine des choses pratiques et qui, à l'époque où je les exposais, passaient aux yeux de la plupart des gens pour des rêveries.

J'ose prier l'Académie de vouloir bien se reporter aux dates fixées par les pièces justificatives que j'ai jointes à cette notice ; elle reconnaîtra, je l'espère, que pour résoudre bien des questions presque tout était alors à créer. Je citerai entre autres la machine à action directe pour vaisseaux que j'ai entreprise en 1842, et que je crois encore à l'abri de toute critique, soit pour les proportions, soit pour les dispositions des organes; elle exigea alors de longues et studieuses recherches, tandis qu'aujourd'hui on en retrouverait tous les éléments dans les plans des divers appareils en service.

H. LABROUSSE.

DOCUMENTS OFFICIELS.

DOCUMENTS OFFICIELS.

PIÈCE A.

RAPPORT *fait au conseil d'Amirauté sur le vaisseau à vapeur de guerre à éperon, de M. le commandant Labrousse, par A. de Jonquières, membre du conseil, rapporteur.* (Extrait.)

Depuis plusieurs années déjà, le projet d'un navire à éperon était l'objet des méditations de M. Labrousse, quand les événements de 1840 vinrent donner à la question de la guerre une probabilité qu'elle n'avait jamais eue depuis longtemps. M. Labrousse crut le moment venu de faire profiter son pays d'une invention qui lui semblait utile.

Sur ces entrefaites, M. le vice-amiral Lalande passa à Marseille; il vit et entendit M. Labrousse, accueillit ses idées avec faveur, et se chargea de remettre à M. l'amiral Duperré, alors ministre de la Marine, le Mémoire détaillé dans lequel M. Labrousse faisait l'exposition de son système.

Le Ministre, frappé de l'importance de cette question, ordonna à M. Labrousse de quitter le commandement du *Mentor*, et de se rendre sans retard près de lui. On était alors au commencement de 1841. M. Labrousse s'empressa d'obtempérer aux ordres du Ministre; il vint à Paris, exposa son plan de vive voix et ne tarda pas à recevoir l'ordre de se rendre en Angleterre pour y étudier l'état de la marine à vapeur dans ce pays.

En même temps, le Mémoire, examiné d'abord en comité secret, comme l'avait demandé M. Labrousse, par MM. Boucher, inspecteur général du génie maritime, d'Oysonville, capitaine de vaisseau, et Mimerel, ingénieur des constructions navales, fut confidentiellement envoyé à l'examen du conseil des travaux. Mais l'absence de l'auteur, dont la présence était indispensable, ainsi que certaines nécessités administratives, retardèrent l'examen de la question jusqu'au milieu de l'année 1842, et le 16 juin le conseil adressa au Ministre un avis fort détaillé.

C'est ici le lieu de parler du Mémoire de M. Labrousse; je vais le faire en peu de mots.

Frappé de l'infériorité des navires à vapeur, comparativement aux vaisseaux puissamment armés d'artillerie, M. Labrousse fut conduit à rechercher les moyens d'augmenter la puissance militaire de ces bâtiments. Des conditions que je n'énumère pas ici, parce que j'aurai à y revenir, le déterminèrent à choisir pour arme offensive et défensive le rostrum, l'éperon des galères de l'antiquité.

Il admit deux classes de navires à éperon : les garde-côtes et les navires naviguants. Il établit que les premiers devraient remplir les conditions suivantes, pour atteindre le but que leur nom indique suffisamment, savoir :

1° Avoir tout leur système de machines abrité contre les boulets;

2° Avoir l'éperon assez solide pour résister dans toutes les circonstances;

3° Être doués d'une très-grande vitesse;

4° Évoluer avec facilité et promptitude.

M. Labrousse satisfaisait à la première condition d'invulnérabilité en donnant au pont principal de son navire une tonture convexe, tant dans le sens de la largeur que dans celui de la longueur, de manière que *les baux n'étaient en quelque sorte que la continuation de la membrure.* Cette tonture en dos d'âne avait pour but de rendre le navire insubmersible, ce qu'il est facile de démontrer; de forcer les boulets à ricocher sur la surface du pont, dont la résistance *était égale à celle de la carène*, et de mettre à l'abri la machine, but qui se trouvait atteint d'autre part par la disposition des soutes à charbon qui enveloppaient tout le mécanisme.

La construction particulière de l'éperon remplissait la deuxième condition.

La troisième condition, celle de la vitesse, était obtenue par cette considération, que les bâtiments garde-côtes n'embarquant ni eau, ni vivres, ni combustibles, qu'en très-petite quantité, la machine pouvait être d'une très-grande puissance. Le propulseur était une hélice.

La quatrième condition, relative à la facilité d'évolution, était obtenue par l'augmentation facultative pour un garde-côtes du safran du gouvernail.

A l'égard des bâtiments à vapeur naviguant, M. Labrousse pensait que, destinés à agir contre des vaisseaux, ils ne pouvaient être inférieurs en déplacement à des frégates de 450 chevaux.

Suivait la description du mode d'attaque pour ceux-ci, ainsi que pour les garde-côtes.

Dans un premier Appendice, annexé au Mémoire, l'auteur proposait d'armer la pointe de l'éperon d'un cône explosif destiné à rester logé dans le flanc de l'ennemi et à y faire l'office d'un fourneau de mine.

Je dois dire que l'auteur a depuis renoncé à cet accessoire, qui présentait des détails fort ingénieux, parce que les effets de l'éperon seul, constatés à Gavres, ont démontré qu'il était inutile.

Un second Appendice complétait quelques détails, et donnait de plus sur la pénétration d'un cône dans un massif de bois de chêne une formule mathématique basée sur les lois ordinaires du choc, sur celles du frottement, et sur les expériences de pénétration faites à Gavres avec les projectiles sphériques de l'artillerie : les résultats de cette formule étaient entièrement favorables aux idées de M. Labrousse.

Tel est, en substance, cet important Mémoire. Les nombreuses annotations qui y ont été faites au crayon par M. Tupinier, et l'esprit même de ces notes, prouvent quel intérêt cet homme distingué attachait au projet de M. Labrousse.

Je passe maintenant à l'avis du conseil des travaux. Le conseil approuve l'idée du garde-côte, mais pour la Méditerranée seulement : il trouve l'idée de l'éperon ingénieuse, et pense qu'il serait surtout efficace contre des navires de faible échantillon, pourvu que la manœuvre de l'abordage pût s'effectuer dans tous les cas, ce qui lui semblait douteux. Il ne croit pas d'ailleurs l'éperon capable de percer *la muraille épaisse des vaisseaux ;* il fit valoir, en outre, la considération du feu plongeant de ces derniers, et, perdant de vue le but du pont convexe destiné à faire ricocher les projectiles, il objecte que ce pont ne pourrait jamais être construit avec assez de force.

Il croyait peu à l'efficacité de l'éperon des grands bâtiments à vapeur, et objectait que deux navires qui se rencontrent se font en général beaucoup de mal. Toutefois, il n'osait trancher la question, qu'il trouvait difficile, et concluait en disant que des expériences coûteuses pourraient seules donner une solution définitive. Enfin le conseil terminait par une conclusion qui est, en résumé, favorable à l'idée première des bâtiments à éperon et flatteuse pour l'auteur. (Voir les deux derniers paragraphes du Rapport du 16 juin 1842.)

A son retour d'Angleterre, M. Labrousse remit au Ministre un Rapport où, après être entré dans de nombreuses considérations sur l'état militaire et maritime de ce pays, il présentait un programme d'expériences à exécuter. C'est alors que la question fut soumise au conseil d'Amirauté.

Le conseil d'Amirauté consacra à une discussion approfondie, pour laquelle il s'éclaira des explications de l'auteur lui-même, les séances du 4 novembre, des 23 et 30 décembre 1842, et il résuma la délibération dans un avis également favorable, qui fut transmis au Ministre. (Voir l'Avis du conseil d'Amirauté.)

Le 27 février suivant, M. le Directeur des ports proposa au Ministre de faire exécuter à Lorient les expériences de pénétration que M. Labrousse avait indiquées, et qui paraissaient au conseil d'Amirauté la clef de voûte de tout l'édifice, puisqu'il disait que toute l'importance du projet de M. Labrousse dépendrait du résultat que donneraient les essais auxquels l'éperon serait soumis. Or, ces essais ont réussi au-delà même de ce que l'auteur avait espéré.

M. Roussin, alors ministre de la Marine, approuva la proposition de la Direction des ports, et l'ordre fut expédié à Lorient de se mettre immédiatement à l'œuvre, suivant un programme qui serait dressé par la commission de Gavres, de concert avec

M. Labrousse *et sur ses indications*, et approuvé par le conseil des travaux. Il s'agissait de constater la résistance que le charbon de terre et les murailles de diverses épaisseurs de bâtiments à vapeur en fer opposeraient à la pénétration des projectiles et à leurs effets destructeurs, et de rechercher les effets produits sur la muraille des navires par l'éperon.

Nous entrons ici dans ce que j'appellerai la deuxième phase du projet, celle pendant laquelle ont été faites les expériences de Gavres, dont je vais indiquer à grands traits les importants résultats.

Le premier Rapport de la commission de Gavres, en date du 16 décembre 1843, est relatif à la pénétration des projectiles dans le charbon de terre et dans les soutes à charbon.

Le deuxième, en date du 29 avril 1844, complète le premier, traite de la pénétration des obus, des effets du tir oblique sur les murailles en bois et en fer, ainsi que de ceux de la mitraille et des balles de fusil.

Le troisième, qui constitue avec les deux autres un ensemble de plus de 80 pages, est uniquement relatif aux effets de l'éperon.

Toutes ces expériences, qui remplissaient d'une manière très-favorable au projet général le cadre tracé par le conseil d'Amirauté, auraient, à ce qu'il semble, dû ramener la question devant ce conseil; mais les hommes qui dirigeaient le département avaient changé, les circonstances aussi, et M. Labrousse fut pourvu d'un commandement.

D'autre part, voulant profiter des rapides progrès de la marine à vapeur, pour donner aux détails de son système une plus grande perfection, l'auteur se fit remettre tout le dossier de l'affaire pour le travailler de nouveau, et ce ne fut que vers le commencement de 1848 qu'il adressa au Ministre un nouveau mémoire dont je vais m'occuper, et qui forme la troisième phase du projet.

Dans son dernier mémoire, M. Labrousse abandonne l'idée primitive d'adapter l'éperon à un bâtiment spécial, tel que celui dont il avait donné le plan général; il néglige même la pensée de l'appliquer à la proue d'une frégate; il va tout droit au maximum de la force militaire, au vaisseau de 100. En suivant les intéressants détails de ce mémoire, il est facile de voir que ce qui a enhardi la pensée de l'auteur, c'est le progrès rapide de la construction des machines à vapeur, l'emploi de la moyenne pression et de l'action directe qui semble être le but vers lequel l'art tend en ce moment, tant en France qu'en Angleterre. C'est aussi le succès inespéré des expériences de Gavres sur la pénétration et la solidité de l'éperon.

De ces expériences M. Labrousse déduit les pénétrations d'un vaisseau de 100 canons muni d'un éperon, sous différentes vitesses, et il confirme ainsi *numériquement* les avantages qu'il avait, *à priori*, attribués à sa machine de guerre.

Le but se trouvant ainsi rectifié, il expose comme il suit le problème à résoudre :

Transformer le vaisseau de 100 canons en vaisseau à vapeur, de telle sorte :

1° Qu'il conserve sa hauteur de batterie ;

2° Qu'il prenne quatre mois de vivres;

3° Qu'il conserve toute son artillerie ;

4° Qu'il prenne quarante-cinq jours d'eau, sans compter celle fournie par un appareil évaporatoire ;

5° Que sa stabilité ne soit pas altérée ;

6° Que sa marche à la voile ne soit pas sensiblement altérée ;

7° Qu'il prenne sept jours de charbon avec une vitesse normale de 9 nœuds 08 en eau calme, avec la faculté d'aller jusqu'à dix jours.

Toute la suite du mémoire, qui a dû coûter à M. Labrousse de nombreuses recherches et un immense travail, et qui a exigé des connaissances aussi étendues que variées, est consacrée à l'exposition du système qui doit remplir le programme ci-dessus. C'est la description détaillée et complète de tout le vaisseau, coque, armement, machines et emménagements.

Les deux premières conditions se trouvent remplies par la comparaison des devis des poids du vaisseau de 100 actuel et du vaisseau à éperon.

La troisième l'est naturellement, puisqu'aucun canon n'est retiré.

La voilure est réduite de 300 mètres carrés ou de 1/10 ; mais le poids de la mâture est réduit dans une proportion beaucoup plus grande, par suite de modifications importantes dans le système et dans les dimensions en grosseur des mâts et des vergues ; ces diminutions en apportent d'analogues dans la quantité des agrès de rechange.

La disposition des emménagements intérieurs, emplacement de la machine, soute à charbon, cale à eau, soutes aux vivres, la description et le poids de la machine destinée à faire mouvoir une hélice, la consommation du combustible, sont l'objet d'explications détaillées ; elles tendent à prouver que la quatrième condition du problème est remplie. Vient ensuite la description de l'éperon, qui ne diffère pas en principe de celui que j'ai déjà décrit en parlant du premier mémoire ; le calcul des poids dont il chargera l'avant, celui des poids supprimés, guibre, poulaine, beaupré moins fort, etc.. etc., et en définitive l'allégement de l'avant du navire, et enfin de longs calculs d'où il résulte que la stabilité du vaisseau se trouverait augmentée, ce qui satisfait à la cinquième condition que l'auteur s'est posée.

La sixième condition résulte de ce que la voilure n'est diminuée que de 1/10, mais qu'en revanche la résistance opposée au vent par le gréement et la mâture diminue dans une plus forte proportion.

La force de la machine étant regardée comme devant atteindre 1,000 chevaux, la vitesse normale en eau calme est déduite de la formule ordinairement employée en pareil cas par les ingénieurs $V = \sqrt[3]{\frac{F}{KB^2}}$ (Compaignac, page 22).

La septième condition est ainsi résolue.

Ce résumé, tout incomplet qu'il est, suffit pour montrer au conseil que M. Labrousse, dans ce mémoire, ne se contente pas d'entrer dans des détails de construction relatifs à l'éperon ; c'est tout un vaisseau qu'il remanie, sauf la coque, dans un but déterminé ; c'est en un mot une œuvre d'ingénieur maritime qu'il présente en réclamant quelque indulgence pour les erreurs de détail qui pourraient s'être glissées au milieu de tant de calculs, et quelque assistance, le cas échéant, pour les conduire à bonne fin.

Enfin il termine en indiquant comment il serait facile de transformer en gardes-côtes, sans mâture, des coques de vaisseau mues par de puissantes machines, pourvues d'évolueurs mécaniques et munis d'éperons.

Ce nouveau mémoire fut porté au conseil des travaux qui adressa son avis au ministre, le 21 juin 1848 (avis de ce conseil).

Dès que ce rapport lui eut été communiqué en réponse à ses propositions, M. Labrousse, mu par une louable persévérance à perfectionner les détails d'exécution d'une idée qu'il juge utile à son pays et encouragé d'ailleurs par une note adressée au nom de l'amiral Casy, ministre de la marine, par M. Verninac, sous-secrétaire d'État, se mit en mesure de répondre aux objections qui lui étaient faites, soit en montrant qu'elles étaient inexactes, soit au contraire en se rendant aux modifications dont elles signalaient les nécessités. La réponse, accompagnée de pièces et de plans à l'appui, fut adressée au ministre le 11 mars 1849. Cette réponse, transmise au conseil des travaux, y fut examinée et discutée de nouveau dans le courant des mois d'avril, mai et juin 1849, et son effet fut de modifier sur un grand nombre de points les préventions défavorables contre le projet, car le même conseil qui avait, l'année précédente, repoussé les réalisations, ne persévéra plus dans cette voie.

En présence de ce dernier avis favorable, quant au fond, mais qui présente comme très-dispendieuses les expériences qu'on se verrait contraint de faire sur le navire à éperon pour constater l'effet de cette machine, en présence aussi des réductions apportées dans le budget de la marine, le ministre écrivit à M. Labrousse que, malgré l'intérêt sérieux qu'il attachait à l'idée de l'éperon, il ne pouvait, quant à présent, seconder ses efforts.

C'est alors que M. Labrousse écrivit une lettre datée du 21 juillet 1849 (voir cette lettre).

La conséquence de cette démarche a été la dépêche adressée à M. le vice-président du conseil d'Amirauté, et en vertu de laquelle le conseil se trouve de nouveau saisi d'une question à laquelle il avait, en 1842, imprimé sa première impulsion sérieuse.

Avant de poursuivre mon rapport, je résumerai en quelques lignes ce que j'ai appelé au commencement la valeur morale des idées de M. Labrousse.

Conçues par un officier, éminemment intelligent, à qui la marine doit d'importantes améliorations, elles obtinrent, dès le principe, les encouragements les plus énergiques de la part de plusieurs officiers distingués, et surtout des amiraux Lalande et Duperré. Appréciées dans leur principe le plus général, quoique attaquées dans leurs détails par le conseil des travaux en 1842, elles reçurent au contraire, à la même époque, dans le sein du conseil d'Amirauté, une impulsion décisive. Les expériences demandées par le conseil, et dont les résultats imprévus semblaient seuls le faire hésiter, furent faites à Lorient avec le plus grand succès, si bien qu'il est probable que, sans les nombreux changements survenus dans le personnel, une application aurait été ordonnée dès l'année 1844.

A cette époque, le prince de Joinville, qui s'y intéressait beaucoup, en recommanda l'étude à la commission nommée pour étudier la question générale de la marine à vapeur : plus tard, l'auteur, encouragé de nouveau par les amiraux Casy et Verninac, agrandit son projet ; mais les proportions mêmes qu'il lui donna effrayèrent en quelque sorte les esprits, et pour la première fois le conseil des travaux, attaquant à la fois le fond et la forme, repoussa une idée qui semblait avoir pris définitivement racine dans la marine française. Mais ce sentiment ne fut pas de longue durée, car un peu plus tard les mêmes personnes, après plus mûr examen, revinrent à une opinion plus favorable et plus conforme à toutes celles qui l'avaient précédée.

En présence d'une masse aussi imposante et aussi continue de témoignages favorables, une seule conclusion est possible *à priori :* c'est que la pensée de l'éperon est, comme le conseil d'Amirauté le disait il y a sept ans, une pensée ingénieuse qui peut être féconde et qui mérite le plus sérieux examen.

Au reste, les plans fournis par M. Labrousse ont satisfait des hommes spéciaux et compétents, soit parmi les officiers, soit parmi les ingénieurs de la marine. Il y a plus, un ingénieur du port de Cherbourg, M. Mangin, a, de son côté, dressé un plan d'éperon à la demande de M. Labrousse, lequel ne diffère pas sensiblement de celui proposé. Enfin, il faut ajouter que l'éperon adapté à la caisse d'expérience de Lorient était établi d'après les mêmes principes, et que, malgré les chocs énormes qu'il a eu à subir sous des vitesses de plus de 12 nœuds et sous des angles divers, il n'a jamais souffert la moindre altération dans les pièces ni dans les liaisons.

Sous le rapport des qualités nautiques, l'éperon placé au-dessous de la flottaison aura pour effet : 1° d'augmenter sensiblement la vitesse du vaisseau, dont il affine les façons ; 2° de rendre le navire un peu plus ardent, effet qui peut être aisément contre-balancé par de légères modifications dans la position du centre vélique et qui est compensé d'ailleurs tout naturellement par l'hélice, puisque l'établissement de celle-ci produit précisément l'effet contraire.

C'est ici le cas de faire observer que, si d'une part l'éperon n'est pas une surcharge pour le navire comme cela a déjà été établi ci-dessus, d'autre part il contribue puissamment par la nature et la force des pièces qui le composent à la solidité de cet avant. Enfin, sous le rapport de l'artillerie ennemie, il a pour résultat d'opposer au feu d'enfilade une muraille plus forte, plus résistante et surtout plus aiguë, qui tend à faire ricocher, sans pénétration, un grand nombre de boulets qui frapperaient contre cette partie importante du bâtiment que protége en outre son enveloppe métallique.

Ainsi donc, sauf la question de la mâture, qui n'en est pas une pour les navires à vapeur et qui peut être résolue pour les navires mixtes, l'éperon placé à l'avant offre plus d'avantages que d'inconvénients, même lorsqu'on fait abstraction complète de son effet destructeur, c'est-à-dire de la partie capitale du système.....

Toute objection qu'on pourrait faire contre la pénétration de l'éperon, sous des vitesses même très-faibles, serait donc manifestement contraire à la théorie la plus simple du choc, à l'expérience, aux épreuves faites à Lorient sur l'éperon lui-même, et il doit être acquis que l'éperon est une arme terrible, toutes les fois que son action peut avoir lieu. Ceci me conduit à examiner l'emploi de l'éperon comme arme de guerre ; c'est la seconde partie de mon travail.

EMPLOI DE L'ÉPERON.

Je ne donnerai pas, Messieurs, tous les détails de l'installation de l'éperon : vous en avez vu les plans détaillés.

L'éperon est supposé adapté au-dessous de la flottaison d'un vaisseau de 2ᵉ rang, mu par une machine à hélice, qui se trouve tout entière au-dessous du niveau de l'eau et par conséquent inaccessible aux coups de l'artillerie.

Un vaisseau à vapeur n'est plus de nos jours une utopie : les Anglais ont obtenu du *Blenheim*, qui est un vaisseau transformé, des vitesses de plus de 7 nœuds en eau calme. Chez nous, le conseil d'Amirauté a proposé et le Ministre a ordonné la construction d'un vaisseau de 90 canons, exclusivement à vapeur, d'après les plans de M. Dupuy de Lome : un autre vaisseau mixte à hélice, *l'Austerlitz*, est en construction. Il est donc évident que l'opinion est favorable à ces sortes de navires, proposées d'ailleurs par M. Labrousse dès 1841. Y ajouter un éperon, c'est en quelque sorte en faire descendre la guibre au niveau de la flottaison : il n'y a rien là qui soit difficile à faire ni impossible à prévoir. M. Labrousse, pour mieux assurer l'invulnérabilité de son mécanisme et pour abriter les hommes lors de la manœuvre d'un abordage, blinde son navire au moyen de soutes à charbon transversales de 2 mètres d'épaisseur. Quant à la mâture, qui n'est en général qu'une chose secondaire dans les navires à vapeur, elle est réduite de un ou deux rangs de vaisseau ; le mât de misaine est reculé de 3 ou 4 mètres en arrière, et le beaupré, de dimensions réduites, se rentre en glissant sur des rouleaux pour permettre l'abordage.

Supposons une semblable machine de guerre, qui est à peu près invulnérable dans les parties essentielles et qui se meut à volonté en tous sens, dans une bataille comme celle du 16 prairial ou comme le combat de Trafalgar. Au milieu de la fumée et dans le désordre de l'action, les signaux ne s'aperçoivent plus, les mouvements des navires pas davantage. Le vaisseau-éperon, redoutable d'ailleurs par sa seule artillerie, tombe à l'improviste sur l'un et sur l'autre et donne à tort et à travers des coups de boutoir sans remède; la manière dont il se présente le met à l'abri d'un brusque abordage auquel il serait du reste bien en mesure de résister.....

Ainsi donc, au milieu d'une flotte composée de vaisseaux à voiles et de navires à vapeur, telle que celles qui existent aujourd'hui, un vaisseau à vapeur et à éperon serait le plus redoutable de tous les adversaires.

Il *faudra* donc, et c'est la dernière prévision de M. Labrousse pour l'avenir, dès qu'une puissance quelconque aura adopté cette terrible machine, que les autres l'adoptent aussi, sous peine d'une extrême infériorité. Le système de guerre maritime se trouve donc forcément changé : les combats deviendront des combats d'éperon contre éperon, et la seule manœuvre rationnelle entre deux navires semblables, c'est de courir droit l'un sur l'autre en présentant l'éperon, de s'élonger de bout en bout, de s'accrocher alors avec des chaînes, comme faisaient, au moyen du corbeau, les Romains et les Carthaginois, et de se livrer une bataille décisive sur un sol mobile où l'adresse et le courage seront seuls de mise. Mais alors la supériorité navale, qui se basait sur le grand nombre d'hommes de mer, disparaît pour faire place à celle qui se fonde sur un grand nombre de vaillants soldats simplement aguerris contre le mal de mer. Les succès maritimes ne sont plus une question de spécialité nautique, ils deviennent une question d'infanterie ou d'argent; c'est ce qui donne aux idées de M. Labrousse une importance nationale et européenne, ainsi qu'il l'a prouvé dans ses Mémoires de diverses manières.

L'application de l'éperon offre, en résumé, toutes les conditions de théorie, d'expériences, d'analogie, de politique et d'opportunité désirables.

Pouvons-nous, en présence d'un si grand intérêt, non-seulement du présent mais de l'avenir, hésiter à prendre un avis favorable, nous qui allons peut-être trancher la question sans appel? Non, nous devons conseiller une application de l'éperon sur un navire où l'épreuve en soit complète et concluante; car cette épreuve, qui a été regardée jusqu'ici comme très-coûteuse, peut se faire avec des dépenses relativement très-minimes, ainsi que je le prouverai.

Me voici arrivé aux propositions de M. Labrousse, relativement aux vaisseaux de 100 canons. Ici, Messieurs, je me sépare de l'auteur du projet, non pas que j'aie la conviction que les plans qu'il propose conduiraient à un mécompte, mais parce qu'il me semble que c'est inutilement compliquer une question déjà fort considérable, que de vouloir appliquer sur un même navire une machine à vapeur dont le poids n'est pas avec la force motrice dans le rapport fixé jusqu'ici par l'expérience, une mâture établie dans des conditions toutes nouvelles, des emménagements fort différents de ce qu'ils sont aujourd'hui, la suppresiion totale du lest, et enfin l'essai de l'éperon. C'est en quelque sorte étouffer la question principale dans des détails accessoires, comme le reconnaissait dernièrement le conseil des travaux; c'est mettre dans un problème trois ou quatre inconnues au lieu d'une seule. Abandonnant ainsi les projets de M. Labrousse, il me restait à formuler une proposition qui en tînt lieu, et qui pût conduire à des résultats qui fussent concluants. Mais j'ai cru devoir préalablement prendre conseil de M. l'inspecteur général du génie maritime, qui est depuis longtemps initié à cette question. C'est donc d'après son avis que j'ai l'honneur de vous proposer, Messieurs, de demander que l'application de l'éperon soit faite au vaisseau mixte de 100 canons, l'*Austerlitz*, en construction à Cherbourg.

Le choix du vaisseau offre plusieurs avantages :

1° Il est dans les dimensions demandées par M. Labrousse. L'épreuve sera donc faite d'une manière sérieuse.

2° La construction de ce vaisseau n'étant qu'au 16/24, sa guibre et la poulaine ne sont pas encore montées. Il y aura donc peu de frais de démolition, et la dépense, selon les calculs de M. Mangin, ne s'élèvera pas à 40,000 fr.

Le vaisseau doit être mu par une machine à hélice qui, bien que différente de celle proposée par M. Labrousse, se trouvera dans les mêmes conditions de solidité et de position au-dessous de la flottaison.

J'ai donc, en définitive, l'honneur de proposer au conseil les conclusions suivantes :

PROJET D'AVIS.

Le conseil d'Amirauté, consulté par le Ministre pour savoir s'il y a lieu d'entreprendre immédiatement les expériences relatives à l'éperon, proposé depuis plusieurs années par M. Labrousse, vu les diverses pièces du dossier,

Considérant que le projet de M. Labrousse a été regardé dès le principe comme une idée heureuse et qui pouvait être féconde; que telle a été l'opinion d'amiraux et d'ingénieurs fort distingués, et notamment celle du conseil d'Amirauté en 1842; qu'en effet, si les prévisions de l'auteur se réalisaient, le système de guerre maritime tendrait à se modifier complétement dans l'avenir, au profit des puissances secondaires, lesquelles ont moins d'hommes voués au métier de la mer, mais qui possèdent plus de soldats;

Considérant que l'impulsion active donnée à l'exécution du projet par le conseil d'Amirauté, en 1842, ne s'est ralentie que par suite des expériences qui furent alors reconnues nécessaires pour constater les effets de l'éperon sur des masses de bois ou des murailles de navire, et desquelles le conseil faisait dépendre toute l'importance du projet;

Considérant que les expériences ont été faites à Lorient en 1843 et 1844, et qu'elles ont prouvé l'efficacité des moyens proposés par M. Labrousse pour blinder le bâtiment contre les feux d'enfilade venant de l'avant; que, relativement à la pénétration de l'éperon, elles ont exactement confirmé les prévisions d'une théorie basée sur les principes ordinaires de la mécanique, sur les lois du choc et sur les expériences de pénétration du choc des projectiles sphériques de l'artillerie; que les incertitudes qui entouraient cette partie essentielle de la question sont en très-grande partie dissipées, et qu'il est à peu près certain que les effets de l'éperon adapté aux vaisseaux seraient tels que l'auteur les avait indiqués;

Considérant que l'application de la vapeur à la locomotion des navires tend à assimiler leur manœuvre à celle des galères antiques qui étaient armées d'éperon; que la facilité de les diriger en tous sens assure en général l'effet de l'éperon, surtout au milieu d'une action nombreuse; que, dans un combat singulier d'un vaisseau-éperon contre un vaisseau à voiles, il ne paraît pas que l'artillerie de ce dernier dirigée au milieu de la fumée, et seulement pendant quelques minutes, contre la proue étroite, aiguë et résistante du vaisseau-éperon, blindé dans ses batteries, soit capable d'arrêter la manœuvre de l'abordage;

Considérant enfin que des vaisseaux à vapeur auront eux-mêmes sur celui à éperon le désavantage de redouter un abordage qu'ils ne peuvent donner; qu'ainsi le vaisseau-éperon semble être, dans toutes les circonstances, un très-redoutable adversaire contre les bâtiments à voiles et à vapeur actuellement existants dans les marines européennes;

Considérant encore que l'addition de l'éperon ne semble devoir être préjudiciable à aucune de ses qualités nautiques, et qu'il n'enlève rien d'ailleurs à la force militaire actuelle des vaisseaux;

Considérant que l'éperon, si l'efficacité en est bien reconnue, permettrait à la France de transformer subitement en machines de guerre redoutables un grand nombre des bâtiments à vapeur qu'elle possède;

Est d'avis :

Premier avis. — Qu'il importe d'entreprendre le plus tôt possible des expériences décisives au sujet du vaisseau-éperon, quant au mode d'exécution :

Considérant que les plans de vaisseau-éperon présentés par M. Labrousse ont l'inconvénient de compliquer la solution d'une question, fort grave en elle-même, de questions accessoires controversables, telles que celles relatives à une machine à vapeur de dimensions inusitées jusqu'à présent, à un arrimage spécial à une mâture non encore expérimentée;

Considérant qu'il est préférable de ne faire entrer qu'une seule inconnue dans le problème à résoudre, et qu'il convient par conséquent d'appliquer l'éperon à un vaisseau à vapeur, dont le système général offre toute garantie;

Considérant que le vaisseau mixte de 100 canons, l'*Austerlitz*, qui est actuellement en construction à Cherbourg, semble satisfaire complétement à toutes les conditions, tant celles que demande l'auteur du projet que celles que doit exiger l'administration; que sa machine est à hélice et placée dans les mêmes conditions que celle de M. Labrousse :

Deuxième avis. — Qu'il y a lieu de choisir pour y adapter une proue à éperon, suivant les plans proposés par M. Labrousse, le vaisseau mixte de 100 canons l'*Austerlitz*, en construction à Cherbourg, et que M. Labrousse sera chargé de suivre les travaux de cette construction.

PIÈCE B.

Paris, 3 septembre 1849.

Monsieur,

Vous exprimez le regret de n'avoir vu, dans la lettre que je vous ai adressée le 27 août, aucune mention de l'avis émis à l'*unanimité* par le conseil d'Amirauté et concluant à la convenance de faire procéder à l'essai de votre système d'éperon appliqué à la guerre maritime.

Vous comprendrez facilement que je ne pouvais, dans cette lettre, faire allusion à un avis que j'avais dû repousser, comme ne pouvant recevoir une suite immédiate.

Le conseil d'Amirauté n'a eu à s'occuper que de la *valeur technique* de vos propositions; il les a accueillies avec intérêt, et son avis n'a pu que corroborer l'opinion favorable que je m'en étais formée et que je ne vous ai pas laissé ignorer.

Mais si j'ai renoncé et si je persiste à renoncer à tout essai, *quant à présent*, c'est que la question de dépense est pour moi un obstacle insurmontable, et les conclusions du conseil ne sauraient faire changer ma résolution à cet égard.

Recevez, etc., etc.

Signé : V. Tracy.

PIÈCE C.

Procès-verbal de la commission chargée d'examiner le système de mâture du Chaptal.

Le 27 août 1850, la commission spéciale formée en vertu

des ordres du préfet maritime, en date du 11 juillet 1850, et composée de MM. Borius, capitaine de frégate, président; Picard, lieutenant de vaisseau; Martin, lieutenant de vaisseau, et Mangin, sous-ingénieur de la marine, s'est réunie à bord du *Chaptal*, pour juger des avantages que présente le système de mâture établi sur ce bâtiment, et a désigné M. Picard pour remplir les fonctions de rapporteur.

Cette mâture, qui tient du système à pible, pour les dispositions du gréement, se compose de bas mâts et de mâts de hune à flèche, comme ceux adoptés à bord de la plupart des bâtiments à vapeur et qui peuvent se guinder ou se dépasser comme les mâts de hune ordinaires; mais les hunes, barres, haubans de hune, trélingages, etc., etc., sont supprimés, ce qui allége les hauts d'un poids considérable.

Le *Chaptal* ayant navigué au large de la digue par une brise très-fraîche et par rafales, la commission a pu constater l'extrême solidité de la mâture, qui, sous ce rapport, ne laisse rien à désirer. Les haubans de hune ont été remplacés avec avantage par un galhauban supplémentaire, et le galhauban de travers est appuyé au vent par un arc-boutant en fer d'une manœuvre facile, lequel s'applique le long du ton du bas mât, lorsqu'il ne sert pas.

Après avoir constaté la solidité des mâts, la commission a voulu s'assurer si les huniers, qui n'ont ni cargues, ni palanquins, ni balancines, ni écoutes, étaient d'une manœuvre facile, pour décharger le navire instantanément et à coup sûr dans un grain. Pour cela, sous les diverses allures, largue, au plus près et même sur le mât, les huniers ont été amenés et sont tombés rapidement à l'abri des basses voiles, en laissant beaucoup moins de prise au vent que des huniers ordinaires cargués; et il a suffi de larguer la drisse et d'abraquer le racage, en appuyant sur les hale-bas, lorsqu'il aurait fallu, dans les mêmes circonstances de vent, avec des huniers ordinaires, brasser au vent et peser sur les carguepoints, opération qui aurait nécessité beaucoup plus de monde et de temps.

Pour prendre des ris, il suffit encore de larguer la drisse et d'abraquer les hale-bas, pour que le hunier tombe à l'abri de la basse voile: la toile du fond repose alors sur les étais, ce qui permet de prendre facilement le ris, sans avoir recours aux palanquins.

La caisse des mâts de hune, qui repose sur des élongis terminés sur l'avant par un plan incliné garni d'un paillet suivé, ne présente aucun arrêt à la vergue de hune, qu'il est facile de faire descendre jusque sur l'étai du bas mât.

La manœuvre pour dégréer les vergues de hune est des plus faciles, puisqu'elles s'amènent avec les voiles, sur lesquelles il n'y a aucune cargue à défrapper. On peut aisément les mettre sur le pont en trois minutes, et les remettre en croix dans le même temps, manœuvre qui serait incomparablement plus longue avec des huniers ordinaires.

En résumé, la mâture du *Chaptal*, qui est très-gracieuse à l'œil, a un gréement très-léger, sans avoir rien perdu de sa solidité. Ce système, qui a les avantages des pibles, sans en présenter les inconvénients, offre une grande économie, puisqu'il n'emploie ni cargues de huniers, ni palanquins, ni balancines, ni écoutes.

Ses huniers se manœuvrent facilement et sûrement avec moins de monde que des huniers ordinaires.

Enfin, la mâture présente moins de prise au vent que celle des autres navires, et lorsque le navire marche à la vapeur, si l'on ne veut pas dégréer les vergues, on peut facilement les mettre l'une par l'autre, ce qui diminue beaucoup l'action du vent.

La commission est donc *unanime* à déclarer que le système de mâture du *Chaptal* serait très-avantageux pour la navigation des bâtiments à vapeur.

Les membres de la commission :

Borius, Picard, Martin, Mangin.

PIÈCE D.

Vaisseau *la Bretagne*, Toulon, le 6 novembre 1858.

Monsieur l'Amiral,

. . . .

J'ai toujours pensé que ce système de mâture et de gréement à pible, qui constitue un allégement notable des poids dans les parties hautes de la mâture, pouvait être utilement appliqué aux bâtiments de tous rangs auxquels on voudrait donner une plus grande stabilité à la voile; l'expérience a prouvé, d'un autre côté, qu'il présente, sous le rapport de la solidité, des avantages sensiblement égaux à ceux du système réglementaire; mais il est deux points essentiels sur lesquels je me range complétement à l'opinion de la commission. Le plus important, à mon sens, c'est que le pible, mis en essai sur *l'Eylau*, exclut, au grand préjudice de la valeur militaire d'un bâtiment, l'important service de la mousqueterie des hunes dans le combat.

Un autre inconvénient, moins sérieux, sans doute, mais qui cependant a sa valeur, c'est que les gabiers de *l'Eylau* montrent une répulsion instinctive pour les manœuvres de ce mât.

Cela posé, Monsieur l'Amiral, je suis amené à vous proposer de rétablir le système réglementaire au mât de misaine dudit vaisseau, et de proscrire le pible à bord des vaisseaux et des frégates, qui sont réellement des bâtiments de combat; mais, en même temps, j'exprimerai le vœu qu'il devienne réglementaire pour tous les bâtiments de rang inférieur, en raison des avantages évidents qu'une grande diminution de poids, de mâture et de gréement présenterait dans la navigation à la voile.

Le Vice-Amiral, Sénateur,

Commandant en chef d'escadre d'évolutions,

Signé : Romain Desfossés.

PIÈCE E.

Paris, le 19 juillet 1858.

Monsieur le Commandant,

Dans sa séance du 25 mai 1858, le conseil des travaux a examiné un projet pour la transformation du vaisseau *le Jemmapes* en batterie blindée, destinée à la défense du port et de la rade de Cherbourg.

A l'occasion de cet examen, vous avez exposé, devant le conseil, diverses considérations sur le meilleur mode à adopter pour l'installation des bâtiments appelés au même service que *le Jemmapes*.

En vue de faciliter une nouvelle étude, j'ai l'honneur de vous prier de vouloir bien formuler, dans une note détaillée, les idées qui vous sont personnelles sur cet important sujet, en les accompagnant de tous les plans et renseignements divers, de nature à éclairer la question.

Recevez, Monsieur le Commandant, l'assurance de ma considération distinguée.

Pour le Directeur du matériel, en mission,

Le Chef du Bureau des constructions navales,

De Moras.

PIÈCE F.

Copie *d'une dépêche adressée au Vice-Amiral, Préfet Maritime du 2e arrondissement, par le Ministre de la Marine.*

Paris, le 28 novembre 1859.

Monsieur le Préfet,

Vous avez eu connaissance des modifications qui ont été faites à la machine du vaisseau *l'Impérial*, par les soins de M. le capitaine de vaisseau Labrousse. Les résultats obtenus à la suite de ces travaux et constatés par les essais comparatifs, dont M. le C.-A. Jurien m'a rendu un compte sommaire, font ressortir, pour *l'Impérial*, des vitesses et des consommations de combustible qui ne le cèdent plus en rien aux vitesses et aux consommations de *l'Algésiras*. Il en résulte, en résumé, pour *l'Impérial*, un accroissement de vitesse de deux nœuds (12"9, au lieu de 11 nœuds à toute vapeur), en même temps qu'une forte réduction dans la consommation et une grande amélioration dans le fonctionnement de la machine. J'attends encore le rapport détaillé de la commission qui a suivi les derniers essais de la machine de *l'Impérial*; mais, dès à présent, je suis fixé sur l'importance des résultats obtenus et sur la nécessité d'appliquer au plus vite, aux machines du *Redoutable* et de *l'Arcole*, les modifications et rectifications qui ont si bien réussi à bord de *l'Impérial*. C'est dans cette intention que je fais revenir *l'Arcole* à Brest, afin de confier à M. le Commandant Labrousse le soin de mettre sa machine en bon état, en même temps que cet officier s'occupera d'un travail analogue sur l'appareil du *Redoutable*.

Signé : Hamelin.

PIÈCE G.

Paris, le 10 novembre 1860.

Monsieur le Contre-Amiral.

Voulant d'une part connaître, d'une manière positive, l'état des machines des vaisseaux et frégates en disponibilité, en commission et en réserve dans les ports, et être bien fixé sur ce que l'on peut en attendre, en cas d'armement; d'autre part, désirant qu'il soit immédiatement apporté à plusieurs de ces appareils des rectifications ou des modifications analogues à celles par lesquelles vous avez récemment amélioré, d'une manière très-notable, le fonctionnement et la puissance des machines des vaisseaux *l'Impérial*, *le Redoutable* et *l'Arcole*, je vous charge d'une mission de visite spéciale et d'une retouche, s'il y a lieu, des machines des vaisseaux et frégates à vapeur en disponibilité, en commission et en réserve. Les vaisseaux et frégates en question sont :

1° A Cherbourg :

Vaisseaux....	l'Arcole, l'Austerlitz, le Tourville.
Frégates.....	l'Impétueuse, la Souveraine.

2° A Brest :

Vaisseaux....	le Louis XIV, le Turenne, le Duquesne. l'Ulm, le Wagram, le Jean-Bart.
Frégates.....	l'Ardente, l'Audacieuse, l'Isly.

3° A Toulon :

Vaisseaux....	la Ville-de-Paris, le Souverain, le Prince-Jérôme, le Fleurus, le Navarin, le Charlemagne.

Nota. Par décision ministérielle du 6 mars 1861, les bâtiments de l'escadre d'évolutions ont ensuite été compris dans la mission.

C.-A. H. Labrousse.

Parmi ces 15 vaisseaux et 5 frégates, je distingue diverses catégories à l'examen desquelles vous devrez procéder d'une façon différente. Pour l'*Arcole*, je m'en rapporte aux derniers essais. Il n'y a donc plus rien à y faire, si ce n'est la consolidation des corps de chaudières qui ont des fuites.

Les frégates *l'Impétueuse* et *la Souveraine* vont recevoir des chaudières neuves, et je juge inutile de les essayer de nouveau avant cette opération.

Pour *le Louis XIV*, *le Turenne*, *l'Ulm*, *le Wagram*, *la Ville-de-Paris*, *le Souverain*, *l'Audacieuse*, vous aurez à les essayer d'abord en présence d'une commission présidée par vous, et composée comme il sera dit ci-après. Vous n'entreprendrez de modifications aux machines de ces vaisseaux qu'à la suite des essais préalables, s'ils en ont fait reconnaître l'utilité, et par suite de la proposition que vous m'en feriez en m'envoyant le rapport de la commission.

Pour les vaisseaux *le Tourville*, *l'Austerlitz*, *le Duquesne*, *le Jean-Bart*, *le Prince-Jérôme*, *le Fleurus*, et *le Navarin*, ainsi que pour les frégates *l'Ardente*, *Charlemagne* et *l'Isly*, vous visiterez et améliorerez leurs machines avant tout essai, conformément à ce que vous aurez jugé nécessaire, *à priori*, pour arriver à un meilleur fonctionnement, à moins toutefois que vous ne jugiez vous-même préférable de faire un essai préalable.

Toutes les modifications et rectifications de machines que vous jugerez utiles seront exécutées, sur vos indications, par les Directions des constructions navales de chaque port. Les préfets maritimes de Cherbourg, Brest et Toulon recevront mes ordres à cet égard.

Toutefois, si ces travaux sortaient de la catégorie des modifications et rectifications de détail qui ont réussi sur les machines de *l'Impérial*, du *Redoutable* et de *l'Arcole*, s'il y avait, par exemple, à changer des pièces importantes de nature à paralyser longtemps les vaisseaux, vous prendriez mes ordres avant d'exécuter.

La Commission d'essai pour tous ces navires sera composée dans chaque port, avec vous pour président, du Capitaine de vaisseau Commandant supérieur des bâtiments à vapeur, et de l'Ingénieur chef de section des machines, qui, toutefois, en cas d'empêchement, serait remplacé par un autre officier du génie maritime de la même section.

Cette Commission m'adressera dans le moindre délai possible, sur chaque navire essayé, un rapport spécial donnant des détails circonstanciés sur tout ce qui intéresse le fonctionnement de son appareil, la consommation du combustible et la vitesse du navire.

Je désire que vous commenciez ce vaste travail par le port de Cherbourg, où vous trouverez le vaisseau *l'Austerlitz*, qui va être visité au bassin, et dont les modifications de la machine se feraient en même temps que les travaux que pourrait exiger sa coque.

Cette nouvelle mission, plus étendue, annule celle que je vous avais donnée d'abord pour la visite de la machine du vaisseau *l'Eylau*.

L'exécution de la présente mission exigera des mesures particulières au point de vue du personnel et des mouvements, pour lesquels je vous ferai connaître ultérieurement mes intentions.

Je n'ai pas besoin d'insister sur l'importance de la mission en elle-même, ni sur la nécessité que vous y apportiez tout le zèle et toute l'activité dont je vous connais capable.

Recevez, Monsieur le Contre-Amiral, l'assurance de ma considération très-distinguée.

L'Amiral, Ministre de la marine,

Signé : HAMELIN.

PIECE H.

Paris, le 17 janvier 1862.

Monsieur le Contre-Amiral,

Les Instructions qui vous avaient été adressées par mon prédécesseur, le 10 novembre 1860, vous prescrivaient de visiter les machines des vaisseaux et frégates qui se trouvaient en disponibilité, en commission et en réserve, et de leur faire subir les modifications et rectifications nécessaires.

Depuis cette époque, vous vous êtes occupé sans relâche de cette importante mission que vous avez su mener à bonne fin, et que j'ai suivie avec le plus vif intérêt.

Grâce à l'habile direction et à l'impulsion que vous avez su donner aux opérations qu'elle comportait, les appareils que vous avez successivement examinés à Cherbourg, à Brest et à Toulon ont été notablement améliorés.

Je vous félicite, Monsieur le Contre-Amiral, de la manière dont vous vous êtes acquitté de la délicate mission qui vous avait été confiée, et je suis heureux des résultats que vous avez obtenus, particulièrement sur quelques-uns des navires.

Recevez, Monsieur le Contre-Amiral, l'assurance de ma considération très-distinguée.

Le Ministre, Secrétaire d'État, de la Marine
et des Colonies,

Signé : Comte P. DE CHASSELOUP-LAUBAT.

PIÈCE K.

RÉSUMÉ *du Rapport de la Commission chargée des essais du* Tourville.

Grâce aux modifications ordonnées par M. le C.-A. Labrousse, et exécutées avec beaucoup de soin et d'intelligence, presque tous les défauts reprochés à la machine du *Tourville* ont complétement disparu, ou ont été singulièrement amoindris. La Commission a reconnu que la partie organique de la machine fonctionnait bien et avec une grande régularité de mouvement; que les échauffements étaient insignifiants; que le tirage, si défectueux auparavant, ne laissait rien à désirer; que la vitesse de 10 nœuds 6, sans pousser les feux, mais en calme, pourrait être dépassée, et elle a conclu que dans l'état actuel la machine du *Tourville* pourrait rendre de bons et durables services.

PIÈCE L.

RÉSUMÉ *du Rapport de la Commission chargée des essais de la machine de* l'Austerlitz.

La Commission, à l'unanimité, considère la machine de *l'Austerlitz* comme étant dans une très-bonne situation.

Le remontage en est soigneusement et heureusement exécuté, et les derniers essais constatent évidemment les bons résultats des réparations qui viennent d'être opérées.

PIÈCE M.

RÉSUMÉ *du Rapport sur des épreuves de gargousses sphériques proposées par M. Labrousse, lieutenant de vaisseau.*

Dans le cours des épreuves ci-dessus détaillées, la Commission a remarqué :

Que, sur 260 coups tirés en sa présence avec des gargousses sphériques, il n'y en a pas eu un seul de raté, quoiqu'on n'ait jamais fait usage du dégorgeoir pour crever la gargousse;

Que, sur le même nombre de coups, il n'y a pas non plus eu un seul culot, l'écouvillon n'ayant jamais rapporté que des morceaux de serge brûlée et complétement éteinte ;

Qu'au contraire, les épreuves faites avec des gargousses ordinaires ont présenté plusieurs exemples de forts culots et même de collets enflammés restés dans la pièce, par suite du renversement accidentel de ces gargousses dans l'âme;

Qu'il est démontré que, lorsque ce renversement a lieu, il en résulte de très-graves inconvénients, tant à cause du retard qu'éprouve le service de la pièce, que par le danger des accidents, dans le cas où toutes les portions de la ligature enflammée ne seraient pas ramenées par l'écouvillon.

La Commission a aussi remarqué :

Que les gargousses sphériques se rendent avec facilité dans l'âme de la pièce, de quelque manière qu'elles y soient lancées;

Que les obstacles qu'avaient paru présenter les gargousses ramollies outre mesure, dans les épreuves faites avec des valets en guise de boulets, ont tout à fait disparu dans les épreuves décisives à boulets;

Que l'usage des gargousses sphériques permet d'introduire à la fois dans la pièce la gargousse, le boulet et le valet, sans refouler sur la gargousse; d'où résulte diminution de danger pour les chargeurs et accélération dans le service du tir.

Par ces motifs :

La Commission est d'avis unanime que les gargousses sphériques présentent de grands avantages dans le service des caronades, et qu'il est à désirer qu'elles soient adoptées dans la flotte, à l'exclusion des gargousses actuelles à étranglement.

Suffren, rade de Toulon, 5 juillet 1837.

Signé : Delacour, Larriel, Jeangérard, Charles Baudin.

PIÈCE N.

Copie *d'une dépêche adressée au Vice-Amiral Préfet Maritime du 2e arrondissement, par le Ministre de la Marine.*

Paris, le 11 juin 1859.

Monsieur le Préfet,

Je vous prie de faire savoir à M. le Capitaine de vaisseau Labrousse, commandant *l'Impérial*, que j'ai fait examiner par le Conseil des travaux sa proposition de réduire de largeur les sabords des frégates cuirassées pour diminuer les chances de coups d'embrasure, et de modifier, en conséquence, l'affût marin ordinaire.

La simplicité de l'installation proposée m'a engagé à en approuver l'essai à bord du vaisseau le *Suffren*, et vous inviterez cet officier supérieur à vous remettre un tracé complet d'exécution que vous me transmettrez.

HAMELIN.

Pour copie :

Par délégation du Préfet Maritime.

Le Chef du Secrétariat.

C. DAURIAC.

PIÈCE P.

Si, au lieu de prendre la moyenne de tous les vaisseaux, on prend, pour terme de comparaison, le devis le plus complet, celui du *Wagram*, on obtient le tableau suivant :

	WAGRAM.		VAISSEAUX A ÉPERON.	
Artillerie, etc.	470,0	tonneaux.	470,0	tonneaux.
Mâture, agrès, etc.	435,5	—	305,7	—
Vivres	144,6	—	144,6	—
Eau, caisses, etc.	101,1	—	101,1	—
Bois	12,5	—	12,5	—
Charbon	520,0	—	616,8	—
Embarcations	22,0	—	22,0	—
Appareil à vapeur, eau comprise	457,0 [1]	—	570,0	—
Poids des hommes avec leurs hamacs.	103,0	—	103,0	—
Provisions du capitaine, etc.	10,0	—	10,0	—
Chaudières distillatoires	8,8	—	8,8	—
Lest	80,0	—	»	—
TOTAL.	2,364,5	tonneaux.	2,364,5	tonneaux.

Ce tableau justifie complétement mon devis primitif, seulement la quantité de charbon est augmentée aux dépens des vivres et de l'eau; du reste j'avais prévu ce cas dans mon projet.

[1] Les soutes du *Wagram* pèsent 60 tonneaux, dont 31 tonneaux de soutes étanches; ces dernières n'étaient pas nécessaires au vaisseau à éperon, ni sous le rapport de l'assiette, ni sous celui de la stabilité, comme je le démontrais dans mon mémoire.

www.ingramcontent.com/pod-product-compliance
Ingram Content Group UK Ltd.
Pitfield, Milton Keynes, MK11 3LW, UK
UKHW021558260726
13993UKWH00002B/914